新能源科技与产业丛书

低碳时代
科技与产业创新对话

李 缜 ◎ 主编

中国科学技术大学出版社

内 容 简 介

本书聚焦未来能源发展前沿技术，展示了我国在新能源行业的科技力量，多位知名科学家和产业家围绕能源科学的最新研究动向与动态，从"3060"低碳目标、动力电池、能源存储、数智科技、产业创新等不同角度出发，把脉中国与世界新能源产业发展，从多元的视角共同探索新能源产业的发展之路，以此为新能源行业的开拓创新提供发展启示，促进创新创想。本书既是一本值得新能源从业者及相关领域研究人员一读的科技启示录，也是一本适合业外人士学习领悟的优质科普读物。

图书在版编目（CIP）数据

低碳时代：科技与产业创新对话/李缜主编. —合肥：中国科学技术大学出版社，2023.5

（新能源科技与产业丛书）

ISBN 978-7-312-05658-1

Ⅰ. 低… Ⅱ. 李… Ⅲ. 低碳经济—能源经济—研究—中国 Ⅳ. F426.2

中国国家版本馆CIP数据核字（2023）第063576号

低碳时代：科技与产业创新对话
DITAN SHIDAI: KEJI YU CHANYE CHUANGXIN DUIHUA

出版	中国科学技术大学出版社 安徽省合肥市金寨路96号，230026 http://press.ustc.edu.cn https://zgkxjsdxcbs.tmall.com
印刷	合肥华苑印刷包装有限公司
发行	中国科学技术大学出版社
开本	787 mm×1092 mm　1/16
印张	14.75
字数	261千
版次	2023年5月第1版
印次	2023年5月第1次印刷
定价	98.00元

主　编：李　缜

编　委：钟　琪　胡小丽　张宏立　严长青

　　　　宋　美　张海心　张天怡

序一

科技创新是引领社会发展的第一动力。科技包含科学和技术,科学是认识自然和社会发展的规律,揭示"为什么"的问题,主要表现形式为基础研究;技术是基于科学认知,解决问题的方法,属于"怎么做"的范畴,主要表现形式为应用研究。科技产业是生产高科技含量的物质产品的企业集合体,解决"做什么"的问题,主要表现形式为生产企业。科技的发展为产业创新提供源头活水,产业革新提出新的问题促进科技源头创新,贝尔实验室就是个很好的例子。贝尔实验室从研究数学、物理、信息等基础理论起家,诞生了诸如晶体管、激光器、太阳能电池、发光二极管、电荷耦合器件、通信卫星、蜂窝移动通信设备、有声电影、通信网等许多重大发明,一共获得9项诺贝尔奖。正是这些基础理论的研究,开启了贝尔实验室前75年的辉煌时代,先后为把美国电话电报公司和朗讯科技公司发展成世界最大的通信公司和通信科技公司起了决定性的作用。从这里转化出的科技成果,开启了人类社会信息时代的大门。然而,进入新世纪后,贝尔实验室鲜有颠覆性的技术和产品问世,这与其后来的母公司放弃基础科学研究的短视行为不无关系。

随着新一轮科技和产业革命的到来,科研范式已经发生了深刻变革,基础研究和应用研究各自为战的方式已不适应新时代科技的发展。当前我国基础研究和产业之间普遍存在脱节现象,作为基础研究主体的高校和科研院所往往面临"做了不知道有什么用"的现状,而以技术应用为主体的企业则面临"有问题不知道找谁解决"的困境。研发范式的变革既要求基础研究工作者能够了解生产实践中的具体问题,也要求产业研发者多重视基础问题,双方在深入的交流探讨中碰撞出思想的火花,通过对基础理论壁垒的突破来解决实际产业问题。

在当前国际环境下,我国深受"卡脖子"问题的困扰。事实上,核心技术和工艺上的"卡脖子"只是表面现象,真正的问题是数学、物理、材料、信息等领域的基础研究薄弱。正如习近平总书记在2020年9月的科学家座谈会上指出的:"我国面临的很多'卡脖子'技术问题,根子是基础理论研究跟不上,源头和底层的东西没有搞清楚。"光刻机技术是我们被"卡脖子"的典型例子,从其半个多世纪的发展历程来看,随着半导体制程的日益小型化,光刻机需要不停地进行技术创新,因而不断地向量子力学、激光与极紫外波段光学、等离子体物理等基础理论提出新的科学问题,一旦这些基础理论和核心技术取得突破,就能很快引起光刻机技术和半导体产业的升级换代,现在已经接近了"摩尔定律"的极限。

21世纪是能源的世纪,我们正处在第三次能源革命的当口。第一次能源革命的标志是以煤炭为主要能源形式的蒸汽机,英国抓住这次机会超过荷兰。第二次能源革命的标志是以石油和天然气为能源形式的内燃机,美国趁此超过英国。第三次能源革命的标志是以电和氢等可再生能源为驱动的电动汽车。我国已经错失了前两次能源革命,有望通过第三次能源革命实现对发达国家的反超。为了2030年实现"碳达峰"和2060年实现"碳中和"的目标,我国必须采取跨越式发展,大力发展以锂离子电池、氢燃料电池为代表的动力电池和储能设备,提高能源结构中可再生能源的比重,加速向新能源汽车的转型。除了国家在新能源领域的战略布局以外,以国轩高科、比亚迪、宁德时代为代表的一大批新能源企业应运而生,成为我国新能源革命的旗手,他们分别首创的电池卷芯直接到模块(JTM技术)、"麒麟电池""刀片电池"等技术使我国在国际电池技术领域居于领跑地位。

国轩高科是一家创办于2006年的年轻企业,是国内最早从事动力电池的研发与制造的企业之一,是中国民营企业中的科技创新能力百强企业。国轩高科把每年营业收入的至少10%用于研发,已拥有十大研发机构、全球八大研发中心、四大验证基地和三大验证平台。国轩高科经历了从单纯关注电池技术到关注电池科学和材料科学的进步,从单纯关注电池成本的降低到关注电池前端资源的可取性和对自然环境保护的进步,正在构建以材料科学、数字科学为基础的能源科学体系,让他们3000名技术研发人员植根于生产过程,真正围绕应用需求,解决实际问题。对于一个年轻的民营企业来说,这些都是很令人振奋的,非有大眼光大格局者不能为此。

自2011年始,国轩高科坚持每年举办一届科技大会,至今已成功举办十二届。本次科技与产业对话,知名科学家和产业家"群贤毕至、少长咸集",围绕能源科学的最新研究动向与动态,从"3060"低碳目标、动力电池、能源存储、数智科技、产业创新和创新范式等不同角度出发,把脉中国与世界新能源产业发展,以国际视野和专业视角描绘出一幅幅新能源产业发展的壮丽蓝图,从多元的视角共同探索新能源产业的发展之路,令人感觉广阔天地,大有作为。

低碳时代下,每个人都将经历一场广泛而深刻的绿色低碳产业变革,都是能源革命的见证者、参加者。本书中多位专家除了用清晰明了的语言阐述原本深奥的新能源知识、用简明易懂的语言解读激动人心的前沿科技进展之外,还指出了当前新能源领域的痛点,面临的挑战和机遇,并多人多次强调基础研究在产业创新中的重要性。电池的正负极材料、隔膜、界面、电解液、材料和界面之间的传输转化机制、大数据、人工智能等核心技术都面临突破,甚至电化学基础理论也可能面临革新,任何一个方面的突破都可能对新能源体系带来深远的影响。对于希望积极参与这场能源革命的研究者来说,阅读本书能从中找到努力的方向,大有裨益。

需要提及一下的是,我们即将开工建设合肥先进光源这一大科学装置,建成之后将是国际上最先进的低能区基于衍射极限储存环的第四代同步辐射光源。

新光源立足于为"海量的、复杂的非晶态和非均匀体系在非平衡态或真实反应条件下的动态变化过程"的研究,建立一系列在原位、工况条件下进行原位实时、时间分辨的先进探测技术,除了满足基础研究的科学家的需求之外,也适合产业界的用户。它提供的一双双"慧眼",对看清动力电池在充、放电过程中电极材料和界面结构的组成、电子性质和电池性能之间的关系等产业界关心的基础科学问题将发挥重要作用。这些基础信息对于新能源产业的发展至关重要,预计能为低碳时代下的新能源技术革新助上一臂之力。

中国科学院院士

2023年3月27日

序二

国轩高科科技大会自2011年始,至今已成功举办十二届。大会通过主题演讲、技术论坛、圆桌会议等多种形式,邀请知名科学家、产业家用最简明易懂的语言解读最激动人心的前沿科技进展,聚能聚智,创新创想,共同把脉行业发展动向。我也有幸参加过两次,很受启发,收获极大。

也许有人会好奇,为何一流科研院所、研究机构、高等院校、主流车企顶尖专家愿意云集于此?为什么一个新能源企业要十多年如一日持续举办科技讲座?我想,这是因为科学界酝酿出的新能源领域的创新火苗,需要在产业界点燃成为熊熊燃烧的创新火焰。当下众多新技术交汇融合,市场在颠覆与被颠覆中频繁切换,技术创新就像"挖井"一样越挖越深,亟须在融合创新、协同合作中形成可持续的迭代创新能力。

李缜先生是我多年的好友,他勤于思考,勇于探索,是中国最早一批推动新能源时代到来的创新者、实践者,也是奇瑞新能源汽车转型的重要引领者、参与者和支持者。他带领国轩高科研发团队,秉持开放思维,和业界保持着最好的协同关系,不断开拓"无人区",积累了丰富的创新成果和实践经验。

我相信,李缜先生及其团队的丰富经验,加上历届科技大会凝聚的大家之言,集结汇编成册后,能够以一种新的方式传播科学知识,提升大众对于新能源知识的理解;能够为新能源行业搭建一个合作、共享、发展的重要交流平台;能够推动学届、产业界和社会各界在一次次的求真问询和坚持探索中,不断寻找引领未来发展的星星之火。

当前，新一轮科技革命正在重塑产业格局，汽车行业正处于变革突破的关键时期。智能化、个性化、全领域数据驱动、有场景体验感的新物种正取代传统流水线规模化生产模式，成为汽车行业的新业态。中国汽车行业在新旧赛道转换的关键节点上，借助智能网联技术的先发优势，拥有了相对竞争优势和弯道超车的机会。对于身处变革中的企业而言，一方面，必须顺势而为构建新的技术能力、打造新的产品形态、变革新的组织架构、不断满足新世代用户多样化需求，才能重塑新的竞争力。另一方面，在智能网联驱动下，汽车产业正加速向平台生态模式演进，车企必须着手构筑"车、路、云、人"协同的数据闭环系统，在数据的不断迭代升级中实现自我进化，最终满足用户千人千面的需求。

同时，在今天这个"双碳"时代，落实绿色低碳发展已经成为中国企业的重大责任。我们不仅需要关注产品减排、绿色制造，更要实现研发、制造、供应链、物流、销售、使用、回收全价值链的"碳足迹"管理，全面转向新能源化。国轩高科和奇瑞作为国家"双碳"战略的坚定执行者，正在努力抢占新能源赛道发展的制高点，于低碳、零碳技术方面发起"攀登"，通过关键技术的正向研发和突破，以创新科技赋能节能环保，最大程度减少"碳足迹"，推动高质量绿色发展。

在智能化和新能源科技领域一直缺少深入浅出、能够让读者感兴趣且能读懂的优质科普书籍。如何大力发展光伏、生物质等新能源低碳技术？如何协调推进储能发展，构建多能互补的新能源体系？智能制造如何牵引制造业高质量发展？……这本书对当前行业热切关注的话题进行了全方位精准解读，是我所见过的探讨新能源科技与产业创新相关书籍中，非常通俗易懂、读后大有获益的一本科普读物，适合分享推荐给每一位关注相关话题和前沿科技的读者。

奇瑞汽车股份有限公司董事长

2023年3月1日

序三

犹记2022年5月,我受邀在国轩高科第11届科技大会上发表了简短演讲。在短短两天内,来自全球多个国家和地区的数十位科学家围绕动力电池前沿技术、电池材料回收利用、汽车产业低碳变革、智能制造、电化学储能等新能源行业热切关注的议题,接连不断地为我们呈现了一场场最为精彩的思想碰撞。如今再读一遍整理而出的文章,更有了一番新的理解与收获。

如同李缜董事长于前言中所说,"科学,无尽的前沿,闪烁的是科学家的思想,点亮的是人类进步的光芒",书中诸位专家学者站在新的时代拐点上,深刻剖析展现出的是最前沿科技所带来的惊人效果与潜力,所谈及之处更无一不是对未来独到而清醒的理解判断,对颠覆性创新的热切探求。

人类过去100多年借助化石能源和科技进步,为工业文明带来了前所未有的科技创新。未来100年或更长时间,作为化石能源的替代方案的以"太阳能+储能"为主体的新能源革命,具备广阔而深远的前景。100多年前人类社会开始使用石油,无数的产业链条由此创造而出。谁在新能源领域取得更多技术进步,谁就将会引领未来100年或更长时间的能源革命和能源文明。中国政府向国际社会做出的"碳达峰"和"碳中和"的承诺是具有挑战性的,需要中国付出艰苦努力。但这一富有挑战性的承诺也定将带来新的发展机遇,持续推动绿色创新技术不断涌现,加快中国推动各领域降低碳排放。

电动汽车正是绿色创新技术体系的重要一环,而新能源电动汽车的普及,又与动力电动化革命息息相关。锂离子动力电池的发明开启了蓄电池领域技术革命。作为全球首批商业化纯电动汽车动力电池创造者之一,国轩高科经过10余年的发展,已从一个地方龙头企业成长为国际化上市公司,见证了中国新能源产业的发展历程。2023年2月21日,国轩高科获得大众集团电芯测试实验室资质认证。这意味着国轩高科正式进入全球技术管理体系。站在动力电池管理的角度,电芯测试意义重大。对于车企,电芯测试的评估过程是动力电池搭载装车之前的关键一环;对于电池厂商,从应用角度出发的电芯测试是动力电池迭代进步的重要参考。当前,大众与国轩高科对于动力电池各方面的性能标准已达成基本共识。

大众集团现已启动了最全面的"零碳计划",目标是在2050年实现产品全生命周期的碳中和,涵盖供应链、生产制造、产品使用和产品回收利用等环节,通过组合拳,努力使在华所有大众汽车工厂都能够实现100%可再生能源电力供应,并与商业伙伴加强合作,共同探索绿色产业链的发展路径。

科技创新与产业发展的深度融合,是一个双向增益的联合过程。我衷心地希望阅读这本书的各位读者,能在细读完这一场科技与产业创新的对话后,满载而归。

大众汽车集团(中国)执行副总裁

2023年3月

附:序三原文

I still remember the May of 2022, when I was invited to deliver a brief speech at the 11th Science and Technology Conference of Gotion. I learnt that in just two days, dozens of scientists from many countries and regions around the world would focus on the topics of cutting-edge technology of batteries. Recycling of battery materials, low-carbon transformation of the automobile industry, intelligent manufacturing, electrochemical energy storage and other topics of keen concern in the new energy industry were presented to us with the most wonderful collision of ideas. Now, new understanding comes with the rearranged contents.

As Chairman Li Zhen wrote in the preface, "The endless frontier of science, flashes the thoughts of the scientists and illuminates the progress of human beings." At the turn of the new era, numerous scholars and experts, through their comprehensive and profound analysis in this book, have manifested the spectacular effect and potential brought by the most cutting-edge technologies. What they have covered is not only the valuable insight and rational prediction of the future, but also the strong enthusiasm for proactive innovation.

In the past one hundred years, with the exploitation of fossil fuels and the development of technology, unprecedented scientific and technological innovation was brought to industrial civilization. In the next 100 years or more, as an alternative to fossil energy, the new energy revolution with "solar energy + energy storage" as the main part will have a promising prospect. More than a hundred years ago, countless industrial chains were created in pace with the utilization of oil in human society. Whoever makes more technological progress in the field of new energy will lead the energy revolution and energy civilization in the next 100 years and the future to come. The Chinese government's commitment to achieve emission peak and carbon neutrality is ambitious, which requires a nontrivial effort. However, this challenging task will also bring new development opportunities, continuously promote the emergence of green innovative technologies, and accelerate China's efforts to reduce carbon emissions in various fields.

The electrification in the automotive industry plays an important role in the green innovation technology system. The popularity of electric vehicles is also closely related to the power electrification revolution. The invention of lithium-ion power battery triggered the technological revolution in the field of storage battery. As one of the world's first commercial pure electric vehicle power battery creators, Gotion has grown from a local leading enterprise to an international listed company through development over a decade, witnessing the development of China's new energy industry. On February 21st, 2023, Gotion was certified as the battery cell testing laboratory of Volkswagen Group, which features Gotion's official entry into the global technology management system. From the perspective of power battery management, battery cell testing is of great significance. For car companies, the evaluation process of battery cell testing is a key part of the power battery before its loading into the car; for battery manufacturers, cell testing from the perspective of application is an important reference for the iterative progress of power batteries. At present, Volkswagen and Gotion have formed a consensus on the performance standards of power batteries in all aspects.

The Volkswagen Group has launched the most comprehensive zero-carbon plan, with the goal of achieving carbon neutrality throughout the product lifecycle by 2050, which includes the supply chain, production, product use and product recycling. Through the comprehensive measures and plans, the Volkswagen Group will strive to achieve 100% renewable energy power supply in all Volkswagen factories in China, and strengthen cooperation with business partners to jointly explore the development path of green industrial chain.

The deep integration of scientific and technological innovations and industrial development is a bidirectional beneficial process. I deeply hope the readers would have a rewarding experience through the close reading of the dialogues on technology and industrial innovation.

序四

全球新旧能源交替"拐点"来临,新能源产业发展势头强劲。新能源电动汽车融合新能源、新材料、物联网、大数据、人工智能等汽车之外的技术,不仅是实现"双碳"目标的重要途径,也是代表未来科技走向与产业发展的重要载体。破解新常态下传统能源产能过剩、可再生能源发展瓶颈及能源系统整体运行效率制约等难题,必须依赖新能源科技的创新发展。

创新是民族进步的灵魂,是国家强盛的动力,更是企业发展的源泉。创新是从无到有,实现零的突破;是从有到优,从好到更好;是从优到更优,不断自我超越;是于无路处创出路,于有路处辟新路。狠抓绿色低碳技术攻关,加快先进技术研发和推广应用,发挥好科技创新这个"关键变量"的作用,就一定能为我国实现碳达峰、碳中和目标提供有力支撑。

当前,"双碳"目标开启低碳新时代,高举"双碳"战略,推进全球第三次能源革命,中国新能源产业人必义不容辞。面对激烈的市场竞争,面对新的机遇和挑战,新能源产业人在用创新谱写企业精神,用创新体现企业精神,用创新丰富企业精神。以固态动力电池为代表的新一代动力电池,是未来的重要竞争领域,我们对新技术的看法是需要"吃着碗里看着锅里",给予足够的重视。希望新技术更好,但是不再指望新技术一定要颠覆老技术,因为我们已经有了一个稳定的产业和稳定的技术储备。初期之时,我们希望找到一个好产品,用一个正确方法,实现快速发展。如今,初期目标已经达成,我们需要进入稳定生产的阶段,在共赢的情况下把产业发展好。

材料科学、数据科学构成了新能源电池的两大底座。在新能源赛道上，企业开始从技术走向科学，从电池走向材料，在与科学家的交流中不断探索底层逻辑，寻找行业发展的星星之火。在《低碳时代：科技与产业创新对话》一书中，我们能够看到业界顶尖学者及行业专家，围绕新能源行业如何实现"双碳"目标，动力电池如何实现高质量发展，以及新能源产业创新如何实现突破等议题展开了深度研讨。

创新从来不是一蹴而就的，我们引进、学习、改进、创新，最后实现真正的突破，是一个漫长的过程，历经一代代科学家、产业家们的努力，我们得以见证了一个又一个奇迹的诞生。书中的各位学者专家数十年如一日地潜心基础研究，此次倾囊相与分享的新能源前沿技术与创新理念，提供了一个广阔的视角，引导我们去看待国家乃至世界层面的新能源技术发展。

综上所述，我愿意向大家热情推荐国轩高科出品的这本读物，衷心祝愿本书能裨益于广大读者，有助于读者了解和关注新能源产业发展和高新技术进步的现状及前景。希望能够吸引更多的年轻人在绿色中国的道路上奉献青春和能量。愿我们携手共进，在新能源新赛道上跑得更快、更远和更强！

谨此致意！

中国汽车工业协会原常务副会长兼秘书长

2023年3月

前言

科学的世界,是无尽的前沿。1945年,美国科学家布什先生发表《科学:无尽的前沿》报告,指明了美国政府100年科学进步的方向。经过近百年的努力,世界优秀人才集聚美国,致使美国科学繁荣,技术进步,国家强大。而未来的100年,谁能在科学的前沿占领制高点,谁就能成为强大的国家。科学,无尽的前沿,闪烁的是科学家的思想,点亮的是人类进步的光芒。

科学的认知,是民族进步的灵魂。人类的成长,是一个认知的过程。我们从咿呀学语,到走向社会,一直伴随着一个主题——提升个人的认知能力。我们能为这个社会做一点事,解决一点问题,做出一点贡献,这是个人认知能力提升的结果。当更多的人,终其一生,获得更多的认知能力,并将这些认知运用到实践中,则会影响着这个民族的进步与消亡。人类认知自然界的过程,是从敬畏自然、珍惜资源到科学利用资源,推进人与自然共生共赢。据统计,一个国家平均85%的经济增长来源于技术创新。创新是民族生存、发展的不竭源泉。新中国成立后,从"两弹一星"、粮食自给,到载人航天、探月工程、载人深潜,再到超级计算、新能源产业,中国赶超世界的脚步正在加速。国轩高科一直致力于电池技术的进步,集聚起一大批科技工作者,探求事物的本质,寻找新能源的路径,创造"物美价廉"的产品,让绿色能源服务人类。

科学的进步,是国家强大的基础。从玛雅文明到尼罗河文明,从罗马帝国到犹太王国,其国力的强大,都建立在科学进步的基础之上。科技强大,则国家强大,这是人类历史的真实写照。中华民族,五千年农耕文明,因占据生物能源制高点,成为东方强国。近200年来,中国的化石能源技术落后于西方国家,建立在化石能源基础之上的科学体系,中国缺了一课。因此,每年以数万亿资金,采购石油,以数万亿外汇,采购产品。科技落后,处处"挨打"。现在全球气候变暖,化石能源枯竭,"双碳"战略高举,唤醒梦中国人,推动第三次能源革命加速发展。

科学的创造,是成就人类进步的阶梯。数十年来,我们吸收了众多的人类先进文明,包括先进的技术、先进的思想、先进的方法。这些科学帮助了中国人在众多科技领域实现了从1到100的创造。企业得到了发展,人民的生活水平得到了提高,国民的精神面貌焕然一新,美好生活养出了美好的心态,中国人开始从0到1的创造。开启一个新的文明——能源文明,需要更大的勇气,更大的决心。我们在能源的转换效率上,太阳能发电依靠科技进步,得到了更快的提升;在能源的存储技术上,依靠科技进步,成本不断降低,实现了从无到有的进步。

科学的创新,需要更多的思想碰撞,国轩高科科技大会与中比科技论坛、海智协会交流会,科普品牌活动等一脉相承。基于打造新能源领域多边科技交流,积极构建具有全球竞争力的开放创新生态的不变初心,为科技工作者服务,为创新驱动赋能,促进人才成长,启迪思想创新,推动交流合作,激励科技工作者心怀"国之大者",勇攀科技高峰,引领企业自主创新和原始创新,为构建零碳新世界贡献更多力量。

本书归属于"新能源科技与产业丛书",通过科学家、战略家、产业家视角,聚焦新能源领域,探索新能源技术创新工程及产业发展。各位专家、学者为了将最准确和完整的科学智识传递给读者,均在百忙之中不忘认真校稿,才使得本书日臻完善。此外,中国科学院院士封东来、奇瑞汽车股份有限公司董事长尹同跃、大众汽车集团(中国)执行副总裁英格尔、中国汽车工业协会原常务副会长兼秘书长董扬等先后亲自为本书作序。在此,我向参编此书的各位领导、专家、学者所付出的智慧与辛劳致以真挚的谢意!

科学源于想象，行于实验，终于真理。唯有保持一颗从善至美的科学之心，一份求真务实的科学态度，一个共生共赢的全球共识，才能共同推进人类社会的新文明！愿本书能使读者朋友获得新的科学启迪，加深对产业技术前沿的了解，感受科学世界的理性之光！

国轩高科董事长

2023年3月

目录

001 / 序一
  封东来　中国科学院院士

005 / 序二
  尹同跃　奇瑞汽车股份有限公司董事长

007 / 序三
  弗兰克·英格尔　大众汽车集团(中国)执行副总裁

011 / 序四
  董 扬　中国汽车工业协会原常务副会长兼秘书长

013 / 前言
  李 缜　国轩高科董事长

"3060"目标——中国新能源之路

002 / 物理机制下的新能源技术
  陈仙辉　中国科学院院士

012 / 太阳能利用技术进展
  褚君浩　中国科学院院士

018 / "双碳"目标与电化学能源发展
  孙世刚　中国科学院院士

024 / 为什么碳中和需要碳交易市场

　　刘　劲　长江商学院教授

动力电池——引动全球汽车新革命

032 / 新型二次电池与相关材料研究进展

　　吴　锋　中国工程院院士

038 / 正极镍溶解对SEI膜结构的影响研究

　　邱新平　清华大学教授

044 / 高能锂离子电池及锂硫电池的发展

　　张久俊　加拿大皇家科学院院士

050 / 动力电池技术现状及发展趋势

　　肖成伟　中国电子科技集团公司第十八研究所研究员

062 / 从测试看电池系统安全技术

　　王　芳　中汽中心资深首席专家

能源存储——新能源革命必由之径

070 / 保障电化学储能安全，助力"双碳"目标实现

　　孙金华　欧盟科学院院士

078 / 石墨烯超级电容器及其工业应用

　　唐　捷　日本工程院院士

084 / 构建以储能为核心的多能互补新能源体系

　　曾少军　全国工商联新能源商会秘书长

092 / 全球储能发展回顾与展望

　　俞振华　中关村储能产业技术联盟常务副理事长

数智科技——聚焦、选择与发展之道

106 / 大数据——挑战和机遇
  樊文飞　英国皇家学会院士

116 / 智能制造牵引制造业高质量发展
  丁　汉　中国科学院院士

124 / 基于AI全生命周期的智能电池
  王启岁　国轩高科中国业务板块总裁

130 / 锂电生产制造数智化管理调度范式研究
  徐嘉文　国轩高科信息工程院副院长

产业创新——历史性挑战与机遇

142 / 创新系统工程思维，发展工业互联网未来
  杨善林　中国工程院院士

150 / 当原子和比特发生碰撞时
  钟　琪　中国科学技术大学特任副研究员

160 / 新能源汽车产业五大赛道
  李　缜　国轩高科董事长

176 / 大众汽车电池技术路线以及与国轩高科的战略合作
  弗兰克·英格尔　大众汽车集团（中国）执行副总裁

创新、改变与可能的未来

180 / 科学家与工程师主导的交叉融合推动了科技创新
  陈晓剑　中国科学技术大学教授

188 / 继续保持中国新能源汽车和动力电池的优势
　　董　扬　中国汽车工业协会原常务副会长兼秘书长

192 / 汽车产业低碳变革与企业转型
　　马仿列　中国电动汽车百人会副秘书长

204 / "双碳"目标下新能源汽车与动力电池产业技术展望
　　吴志新　中国汽车技术研究中心有限公司副总经理

211 / 后记
　　李　缜　国轩高科董事长

"3060"目标——中国新能源之路

气候变化正深刻影响着人类的生存和长远发展,如期实现"碳达峰、碳中和"的目标,关键在于能源系统的低碳转型。本章从新型材料、储能、低碳技术等多角度,展望未来能源的发展与技术创新,探索碳中和能源转型"新方向",为推动能源转型、实现绿色低碳和可持续发展注入新的生命力。

002 / 物理机制下的新能源技术
   陈仙辉 中国科学院院士

012 / 太阳能利用技术进展
   褚君浩 中国科学院院士

018 / "双碳"目标与电化学能源发展
   孙世刚 中国科学院院士

024 / 为什么碳中和需要碳交易市场
   刘　劲 长江商学院教授

陈仙辉

中国科学院院士、中国科学技术大学教授

  主要从事超导、关联电子体系等量子材料的探索及其物理研究,发现的新型超导体涵盖铜氧化合物超导体、富勒烯超导体、铁基超导体和有机超导体等多种体系。在铁基超导体的研究中取得突破性成果,首次在铁基超导体(常压下)实现40 K以上的超导电性,超导温度突破BCS麦克米兰极限;利用高温高压技术生长出高质量黑磷单晶,与合作者首次制备出性能优异的场效应管器件,开辟了继石墨烯之后又一个量子功能材料领域。在量子反常霍尔效应、笼目超导体和二维超导体等领域取得一系列原创成果。曾获国家自然科学一等奖、国际超导材料马蒂亚斯奖、求是杰出科技成就集体奖、长江学者成就奖、何梁何利基金科学与技术进步奖等奖项。

物理机制下的新能源技术

国轩高科第11届科技大会

在"碳达峰、碳中和"的大背景下,中国的科学家们已经开始探索中国的新能源之路。不同领域的科学家(如化学家和地质环境科学家)基于不同的角度,提出了实现"双碳"目标的不同途径和方案。出于这种考虑,我向大家介绍下物理机制下的新能源技术,以及实现"碳达峰、碳中和"可能的途径和方案。

欧洲在20世纪80年代就已经实现碳达峰了。德国在20世纪70年代末就已经开始减少煤炭的使用。20世纪90年代初,我作为"洪堡学者"到德国卡尔斯鲁厄学习的时候,在一个核物理研究中心工作,该中心主要研究核物理和核能开发利用,多年后该中心名字中的"核"字被去掉,改为物理研究中心,这表明该中心不再把核能研究列为主要研究问题。要减排降碳和实现"双碳"目标,除了洁净能源的开发利用,节能和产业结构调整是关键。温室效应就是碳排放过量所致,欧洲国家和美国分别在20世纪80年代中期和2005年左右实现碳达峰。中国宣布要在2030年和2060年分别实现碳达峰、碳中和的目标,这必须对于未来能源结构有个科学的规划和布局,尤其是要对洁净能源和可再生能源提出科学的要求。

科学的发展往往推动技术的改进,技术的变革往往能改变人类的文明。从学科分类上讲,我们有物理机制下的能源和化学机制下的能源。所谓物理机制下的能源,就是这个能源的生产过程是一个物理过程,我们把它称为物理技术;自然界本身没有氢能,最优的制氢方法就是电化学方法,这就是一个化学过程,包括锂电技术也是一个化学过程。国轩高科现在做的锂离子电池也属于化学过程。在光照的情况下可以把半导体价带的电子激发到导带上去,构成一个回路,这样就能够产生电。我们知道日常的光有七种颜色即它分布的波长不一样,能量不一样,如果要高效地利用光,就要选择好的波长。现在光伏主要用的是半导体硅,它的带隙是$1.12\ \text{eV}$,大部分的光可以被利用,激发价带电子到导带上。从物理的角度出发,我今天的报告围绕三个方面:一是光伏技术的现状和发展,二是核能技术的发展和可控核聚变,三是新物理驱动下的低能耗节能技术。从物理驱动的低功耗和节能技术上看,第三点在"双碳"目标中扮演着非常重要的角色。如果第三点不实现,我们的科技发展,包括人类的可持续发展将是非常困难的。数字化、大数据是当下研究热点,但是在研究过程中,产生的能耗是一个惊人的数字,真正要实现"双碳"的话,必须降低能耗,节能是必须的。

光伏技术的发展和现状

光伏技术很成熟,原理也很简单,问题是要如何降低成本和提高效率。光伏是一个简单的物理过程,1839年法国科学家贝克雷尔(Becqurel)就已经发现了这个现象。从发展的角度来看,"十三五"末我们已经把光伏效率从初期的18.5%提升到了22.8%,钙钛矿材料已经创造了转换效率的世界纪录。2020年我们的光伏组件产能达到240 GW,实际产能即应用的产能是120 GW,其中六成组件销往国外。我国光伏技术达到了世界领先水平,现在欧洲的光伏技术主要来自中国,我们应该考虑到当前的国际形势。据预测,如果要实现碳达峰、碳中和的目标,到2030年,我国光伏的装机容要达到900~1000 GW,到2060年要达到3000~3500 GW。当然,能源结构是会发生变化的,以上预测是从现有的能源技术来讲的;从"十四五"的规划来讲,主要是要发展高效低成本的光伏技术。

在现在的主流光伏技术里,有PERC(Passivated Emitter and Rear Cell)的单晶、TOPCON(Tunnel Oxide Passivating Contacts)、HJT(Hetero Junction Technology)、钙钛矿以及HJT-钙钛矿叠成。在实验室内,大面积和量产制备的效率和成本列在表1中。实际上,现在用的是HJT。HJT就是异质结电池,以硅基为基底然后再进行叠层。当然未来可能会发展为与钙钛矿叠成技术。HJT未来如果能与钙钛矿结合起来,那么现在在实验室里面可以预测到最终的转换效率可以达到30%。我们知道半导体有一个摩尔定律,每一年半它的单位面积上的晶体管集成量会翻一倍,这导致我们所有的电子产品一买就亏损。比如今年买了手机,明年马上就被淘汰了。由于电子产品技术发展太快,在我们生活中所有的产品中,只有电子产品贬值速度如此之快,这是源于科学技术的快速发展。光伏领域也存在一个摩尔定律,每个组件的价格是随着累积销售的发货量的多少呈线性下降的。也就是说用户越多,对应的销售价格就越低。

表1 光伏材料的效率与量产成本

	PERC 单晶	TOPCON	HJT	钙钛矿	HJT+钙钛矿
实验室	25% (UNSW)	26.1% (TBC，ISFH)	26.63% (HBC，Kaneka)	25.5% (UNIST)	29.52% (Oxford PV)
大面积	23.47% (274.5 cm²) (通威)	25.19% (隆基)	25.54% (274.5 cm²) (HJT，SunDrive+迈为)	20.5% (63.98 cm²) (无锡极光)	
量产	>23%	~23.7%	>24.2%		
成本	1	1.05	1.2→1.0		

核能技术的发展和可控核聚变

1938年德国科学家哈恩(O. Hahn)和斯特拉斯曼(F. Strassmann)发现了核裂变现象，即一个放射性元素在中子诱导下会发生裂变。例如，如果 ^{235}U 吸收一个中子就变成 ^{236}U，而 ^{236}U 不稳定，会发生裂变形成 Kr 和 Ba，在这个过程中会释放巨大的能量，这就是原子弹的基本原理。1954年，苏联建成了第一座核电站，一个拥有 5000 kW 的石墨沸水堆。发展到今天，我们现在所说的核能都是通过裂变的，通常讲的核电站就是利用裂变的原理。核能低碳、节能，能够有效降低温室气体排放，具有低成本、原料少的多重优势，并可以用来制氢。

从我国核能发展的情况来看，2021年我国核能累计发电量大约是 $8×10^{12}$ kW·h，运行机组累计发电量超过 $4×10^{11}$ kW·h，核能累计发电量占所有能源发电量的5%左右。与燃煤发电相比，核能发电相当于减少使用 11558 万吨的标准煤，减少 30282 万吨的碳排放量，减少 98.24 万吨二氧化硫、85.53 万吨氮氧化物排放。根据我国《"十四五"规划和 2035 年远景目标纲要》以及中国核能协会发布的《中国核能发展报告(2021)》，预计到 2025 年，我国在运核电装机将达到 $7×10^7$ kW；到 2030 年，核电在运装机容量达到 $1.2×10^8$ kW，核电发电量约占全国发电量的8%。从我国核能技术发展史来看，我国第一座核电站是 1983 年在浙江建立的秦山核电站。截至 2021 年 12 月 31 日，我国运行核电机组(不含中国台湾地区)共 52 台；运核电机组装机规模约为 $5.326×10^7$ kW(不含中国台湾地区)。目前核能有一个问题，就是资源问题。因为目前我国使用的原料是铀，如果按照现有的技术，到 2025 年，实现核电 $2.4×10^8$ kW 装机容量的目标时，需要 258 万吨天然铀资源，这当然是不现实的，所以我们是达不到这样一个标准的，因此就要进口天然的铀作为发展核能的必要储备。但现在的核能技术是一次循环,在循环的过程中会出现乏燃料。乏燃料就是我们所说的核废物,它不能再利用,其包装储存后直接在地质里面进行处理,目前美国、瑞典等国家用的是这种技术。这种情况下,铀资源利用率低,会产生大量的废物,废物所需的处置时间很长,所以传统的"一次通过"的方式资源浪费巨大,对人类的安全长期威胁极大,不符合核能可持续发展的战略。这也是为什么20世纪90年代欧洲包括德国在内的提倡追求绿色发展的国家放弃了核能。这是核能技术本身存在的问题,所以科学的发展才能推动技术进步。

现在我国在发展第四代核能,即加速驱动的先进核能系统ADANES(Accelerator Driven Advanced Nuclear Energy System)。如果ADANES技术成功,它的燃烧器含50%裂变产物的再生乏燃料,将铀资源的利用率提高到95%,核废料量就能减少到4%以下,与一次循环相比,会大大减少废料的产生,放射寿命也会小于500年。如果实现核燃料全封闭式循环,核裂变就能成为近万年可持续、安全、清洁的战略能源。模块化制作极具经济竞争力,更重要的是这种技术实现以后,不需要水的冷却。通常核电站都要注入水,这种技术实现以后就不需要水的冷却了,这样就可以适用于我国戈壁和沙漠地区,如西部这些人烟稀少的地方。在形成闭环式的循环过程中可以提取珍贵的同位素,可以应用于移动能源、健康和安全等领域,所以它的优点是可持续、安全可靠、经济高效、非水冷和防扩散。现在我们把核能提到了一个比较高的高度,我国兰州近代物理所,以及在广东惠州已经开始建的CIADS(China Initiative Accelerator Driven System)全封闭的装置,预计在2026年就可以实现如ADANES能量全封闭的一个示范(图1)。

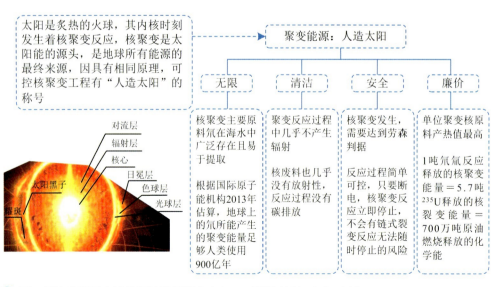

图1 聚变能源是人类能源的终极解决方案——无限、清洁、安全、廉价

核能是我们在未来的技术变革以后,可能会再生或者再度发挥作用的一种能源。对于未来能源的认识,从物理上来说,未来能源就是指核能。在合肥的人都知道中国科学院等离子研究所在可控核聚变方面的研究走在世界前列。它的能源原料是氘和氚。氢在海水里,资源丰富,几乎不存在放射性的污染,无须担忧失控的危险,但它实现的必要条件是极高的温度以及超高温的等离子体约束,其中约束的方式有托卡马克、磁镜、先进环形装置以及惯性约束(即激光约束)。现在国际上包括等离子体所,使用的都是托卡马克,用超导磁体来约束它。如果真正可控核聚变能够实现,人类能源的终极解决方案就实现了,它是无限的、洁净的、安全的、廉价的能源。大家知道太阳能产生光,我们所说的可控核聚变,聚变能源就是一个人造太阳,所以没有任何安全和其他方面的问题。但是要实现,从物理的角度来考虑,以可控核聚变作为未来能源,裂变是我们现有的技术。如果CIADS和ADANES实现以后,我们就可以采用新的方式原理来建设裂变的反应堆。假设实现了可控核聚变,只要使用一个标准游泳池的水就可以提供全球一年所需要的能源,所以它的效率非常高。一个技术的应用实现要有很多其他技术的支撑,可控核聚变实际上已经迎来了新的发展。

现在人工智能和仿真技术发展得非常快,人工智能和仿真技术的发展可以用计算机模拟,使聚变反应过程和等离子运行状态成为可能,这将极大节约聚变实验的时间和成本,极大加快聚变研究的进程。一是在聚变过程中就有托卡马克,托卡马克是把1.5亿摄氏度的一个等离子体约束在实体里,这就需要高温超导材料。现在高温超导材料的技术突破使建造更高性能、紧凑型、先进托卡马克装置,在成本和工程上成为可能,中国的高温超导研究和产业发展处于世界先进水平。二是在过去5年,科学界发现了更多、更先进的等离子体运行模式,例如SH-Mode,并在多台托卡马克装置上完成了实验观测。预计将使托卡马克装置建造、运行成本进一步降低50%~70%。这些技术支撑可以加快实现我们人类更期待的可控核聚变能源。国际上有一个"国际热核聚变实验堆"(ITER)计划,将推动核聚变快速发展。ITER计划在2025年进行第一次等离子体放电,随着ITER点火,行业将进入快速发展阶段。同时,在欧美国家的发展进程中,政府和商业公司也在分工合作,高效推动聚变能源的发展。私人资本积极布局,超过20家的海外公司已融资40多亿美元。国外目前是政府与商业公司分工合作,商业公司高效推动私人资本投资的模式。中国在这方面相对落后一些,相对晚一些。中国的核聚变技术是世界领先的,中国是世界上为数不多的几个有独立建立托卡马克装置经验的国家之一。另外,在2006年,中国科学院合肥等离子体物理研究所自主设计建成了"东方超环",即EAST,包括现在其他很多的技术,我们都有非常好的基础。2020年中核集团(中国核工业集团有限公司)核工业西南物理研究院自主设计建造的可控核聚变研究装置"中国环流器二号M",在成都发电。中国的超导技术在国际上处于先进水平,也有比较完善的核工业基础,但是我国相对于西方国家,在商业化方面还是个空白。

新物理驱动下的低能耗节能技术

第三部分是关于新物理驱动下的低能耗节能技术。这就要讲到材料——量子材料(如超导材料),这是节能技术的支撑。说到低能耗电子器件的未来技术,我们知道现在半导体集成电路已经到了亚10 nm技术节点,接近物理极限。进一步发展遇到三大瓶颈:功耗瓶颈、速度瓶颈、制造瓶颈(图2)。中美贸易争端后,美国对中国在芯片方面进行"脱钩"和封锁,我国的光刻技术相对较弱,而荷兰阿斯麦公司(ASML)生产的光刻机对我们是禁运的,我们国家现在能够做到的集成电路里面最小可以达到28 nm,因为晶体管的尺寸越小,集成越高,处理能力就越强,例如前面提及的摩尔定律,一年半集成数就翻一倍。现在发展到了3 nm,但是到了物理极限以后还能不能继续发展? 如果不能发展,那么速度就无法再提升,更重要的是功耗瓶颈。

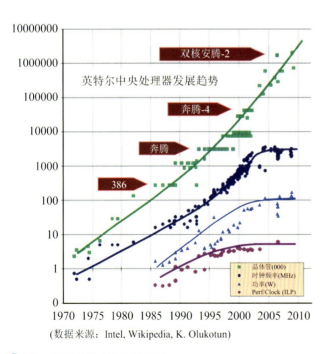

图2 半导体集成电路的发展

据统计现有的大数据中心的耗电量已经占到了全国总电量的6%,并且由于我国企业数字化和智能化的增速很快,耗电量每年以接近10%的速度增长,所以我们急需发展低能耗的技术。据统计2022年大数据中心总的耗电量是整个上海的用电量,对于大数据的发展布局来说,这是一个很严重的问题。当然对于政府决策来说,也不是什么地方都适合做大数据中心,但是从企业的发展来看,数字化和智能化是必然的趋势。从物理学家的角度来看,研发量子材料的三大应用方向,分别是低功耗的电子学、量子计算、能量收集和转换。我们现在广泛应用的电子产品多利用了电子的电荷属性,但电子有另外一个属性——自旋,调控自旋所需能量远低于调控电荷的能量。如果我们半导体器件能操控自旋,这样就会大大降低功耗。我们在半导体技术领域研究非易失性存储器、存算一体、类脑计算,同时基于量子材料研究自旋电子学、拓扑电子学、磁电耦合,从这些技术出发,有望发展出新一代低功耗技术。

目前已经实现的技术是超导技术,超导体是一种材料,在某一个温度以下,它没有电阻,通以电流没有能量损耗。我们的芯片与我们的所有的器件都是基于半导体的材料,通以电流,就会有电阻,有焦耳热产生,就有损耗。假设我们能做一个超导计算机,操控的不是电荷,而是磁通量子,这样的话可大大降低功耗。实际上,超导计算机的原理跟半导体计算机是非常相近的,据知美国和我国都在研发超导计算机。中国科学院布局了"先导A"项目,中国科学院微系统研究所和计算所等单位已经研发出芯片原理的技术,取得很大进展,期待超导计算机将来替代现有的计算机,超导集成电路在后摩尔时代,尤其在速度和功耗方面有很大的优势和广阔的应用前景。

能耗过高,是制约超级计算机发展的主要问题,另外还有散热冷却问题,能耗与散热是一个核心竞争点。超级计算机需大空间、巨大功耗和高效散热技术。通常,一台千万亿次级的超级计算机每年大约要消耗一个中型核电站的发电量,若以国内目前传统技术方法构建一台"E级"的超级计算机,年能耗将会超过三峡水库发电量的1/3。根据美国能源部的指标,"E级"机的功耗不得超过20000 kW,如美国最快的超级计算机"美洲豹"约为7000 kW,我国的"天河一号"也接近4000 kW,加上散热冷却,能耗巨大。另外,现在一台高性能超级计算机的年耗能相当于5万吨标准煤燃烧释放的能量,全年仅电费就要花费1.5亿元人民币,还不包括它的散热冷却等费用,这是一个非常大的能源损耗。所以超级计算机是一个综合国力的展现,并不是所有的国家都有实力研发高性能计算机。我国的大数据战略是"东数西算",因为东部比较发达,产生了大量的数据,然后把它传输到西部。如宁夏中卫有一个国家大数据中心,那里气温本身相对较低,所以冷却各方面的费用相对便宜,另外那里能源资源丰富,工业用电比东部要便宜很多,所以这就是一个战略,也是最好选择的战略。期待基于超导逻辑和低温存储器的计算机可以帮助解决这些问题。另外,超导技术还可以在节省能耗上发挥重要作用。因为超导材料没有电阻引起的热损耗,所以它可以用于用电负荷比较密集、建设成本比较高的一些地方。超导体的输电电量超铜线的50倍,可以应用于低压大电流设备。我国现在采用的高压低电流输电,具有电流小、输电的热损耗小等特点,我国的高压输电技术在全世界处于绝对领先地位。然而对于那些用电负荷密集的城市中心区域的供电问题,传统的解决办法是多拉几条线路,多建一些变电站。但是在城市中心找到合适的地块建变电站,不能说难如登天,但也千难万难,也存在城市美化问题。我们要在人口密集区建一个变电站,要昂贵的征地成本,并且会使城市不美观,所以超导输电技术是一个非常重要的节能技术。

我国科学家已开始利用超导技术在这方面的应用,大家知道深圳的第一高楼是平安大厦,因为它的耗电量太大,如果没有办法解决耗电量的问题,就要建一个变电站专门为它供电,现在用了一个400 m的高温超导电缆专门供电,避免了建变电站。在上海,科研人员研发了一条1.2 km国内首套公里级的高温超导电缆,连接了上海徐家汇漕溪站和长春站,已安全运行一年半。在这方面我国在不断推进,正在研发5 km的高温超导电缆。我们知道"西电东送"中有一个很大的问题是要穿过长江,假设我们能够做一个20 km的高温超导电缆从地下通过,这样既可确保绝对安全,又没有损耗。

目前传统的加热技术都是电磁感应加热,现在我们可以用超导感应加热。常规的感应加热原理是利用趋肤效应,在表面用电流加热,基于它是一个金属,把电热扩散进去后再对它加热铸型。现在我们可以用超导感应加热,它是基于超导技术的切割磁力线通体加热,温度均匀,铝锭质量好。传统的电磁感应加热效率是40%~45%,而超导加热效率可以达到80%~85%,该技术已经开始应用到有色金属的加热处理,仅1000 kW的装置一年可节省6400000 kW·h的电能。

所以总结一下,结合国家的"双碳"目标来看,未来能源结构的主流应该是洁净能源,例如太阳能、风能、核能和水能等。建议以胡焕庸线为界,西北地区以太阳能为主,最大规模地建设太阳能间歇发电设施。新的核电技术实现后,就可以在西北地区建大量的核电站,形成最大的基础电能规模。西南地区水电建设可以在十几分钟调控到最大电能,也就是说,水电平时不发电,而用别的电能,在晚上作为调节使用。使光伏成为间歇性能源,并通过储能技术,实现可持续调控,其中的储能应以水电为主,平时就作为储能的一部分,锂电和氢能等作为储能的补充,这是一种实现"双碳"目标可行的能源结构方案。无论如何,我国要实现"双碳"目标,仍然要坚持以科学研究为主,科学的发现才能推动新技术的发展,新技术的发展才能改变现有问题,并被人类广泛应用。在半个世纪之前,苏联物理学家、诺贝尔奖获得者维塔利·金兹伯格(Vitaly Ginzberg)就指出,从物理学的角度考虑,人类的持续发展,能源的根本解决方法就是室温超导体的发现和可控核聚变的实现,即以聚变能源实现能源自由,以室温超导体的发现开启人类文明的发展新纪元。

褚君浩
中国科学院院士、复旦大学光电研究院院长

红外物理学家、半导体物理和器件专家、中国科学院上海技术物理研究所研究员。1984年获中国科学院上海技术物理研究所博士学位；1986年至1988年，获德国洪堡基金，赴德国慕尼黑技术大学物理系从事半导体二维电子气研究；曾任红外物理国家重点实验室主任，2005年当选为中国科学院院士。长期从事红外光电子材料和器件的研究，开展了用于红外探测器的窄禁带半导体碲镉汞（HgCdTe）和铁电薄膜的材料物理和器件研究，提出了HgCdTe的禁带宽度等关系式，在国际上被广泛引用并认为与实验结果最符合。近年来从事极化材料和器件以及太阳能电池技术研究。曾经获得国家自然科学奖3次、部委级自然科学奖或科技进步奖12次，出版中、英文专著6本，发表论文800余篇，研究结果被国内外广泛引用，被特邀为著名科学手册《Landolt-Bornstein科学技术中的数据与函数关系》"含Hg化合物"部分的修订负责人。荣获全国首届创新争先奖章、十佳全国优秀科技工作者、上海市科普创新杰出人物奖等多项奖项。

太阳能利用技术进展

国轩高科第11届科技大会

能源与环境

今后50年,地球人类将面临10个难题,其中能源与环境就是两个重要问题。目前能源与环境问题严重,使得全球可持续发展面临巨大压力。

1996年在《自然》杂志上有一篇生命科学方面的论文,提及北美洲存在一种斑蝶,现存区域在从南向北移动。这100年以来,地球上出现的温度上升、二氧化碳含量升高、人口增长等系列问题。2021年8月,北京的密云水域上游山峰上面生长出原本在南方特有的尖帽草,明显体现出整体温度的上升。

目前,北冰洋的冰川正在逐步融化,如果冰川全部融化,海平面将上升7.2米。以中国为例,将会形成新的海岸线,山东甚至不再是半岛,而会变成两个岛屿。

2021年诺贝尔物理学奖是关于全球变暖可靠预测方面的研究,主要研究方向为二氧化碳的增长与地球温度升高之间的定量关系。

目前针对全球变暖的问题,大家都非常重视,所以需要发展低碳技术,实现"双碳"目标。目前低碳技术包括三个方面:一是减碳技术,就是节能减排;二是无碳技术,包括核能、太阳能、风能、生物质能等;三是去碳技术,即把二氧化碳捕获、封存。

太阳能利用技术进展

太阳能包括过去太阳能与即时太阳能,过去太阳能都存储在生物质、化石内,即时太阳能广义上包括太阳能、风能、水能等。过去太阳能总有会枯竭的时候,而只有即时太阳能是无穷大的,可以不断利用。

以中国为例,平均每天每平方米的太阳能可以产生 3~5 kW·h 的电,东部地区在 3~4 kW·h,而西部地区日照资源丰富,可以达到 5 kW·h。有研究表明,假如太阳能利用率达到 10%,只需要将我国 10% 的荒漠区土地的太阳能转化,就可以满足 2007 年全国的能源需求,而目前国内太阳能利用效率已经达到 20%。

2009 年,在德国举行了主题为"用阳光驱动世界"的国际会议,参会成员包括中国、美国、日本、德国、英国五个国家的化学学会,会上我代表中国化学会作光伏方面的报告。后续就报告出具白皮书——《用阳光驱动世界》,中国科学院路甬祥院长、白春礼副院长等领导都就此白皮书做出过重要批示。

发展太阳能技术,即光伏低碳技术,主要有三个方面:第一是发展太阳能技术,即光伏、光热、光化学、光生物学;第二是发展智能化分布式能源系统与能源互联网技术;第三是因地制宜推广太阳能技术的广泛应用。

先说第一个方面,太阳能电池的工作原理是这样的:以空穴导电的 P 型半导体和以电子导电的 N 型半导体,相接在一起,在它们的界面处形成半导体 PN 结,光激发产生的电子和空穴在 PN 结区空间电荷层中被内建电场分开并贡献电流于外电路中。具体来说,光入射到半导体中产生电子空穴对,电子带负电,空穴对带正电。如果材料非常好,光激发的电子和空穴没有被中途复合而能进入 PN 结区,在结区范围内建电场的作用下,电子被拉到负极,空穴被拉到正极,对外电路可以贡献电流,这就是基本的物理过程。因此,对于每一种太阳能电池都需要厘清物理过程,结合材料结构、器件结构,从而有效提高电池效率。

这里包括了若干科学问题,包括电池结构、内建电场、能带排列、表面界面、材料特性、杂质缺陷、光生载流子的激发、载流子迁移率、寿命、扩散长度、设备工艺、材料生产与特性、器件结构制备与功能等,涉及物理学、材料学等基础学科。从应用研究到产品生产,需要搭建基础研究—应用研究—产品工业化实现的桥梁。

目前的太阳能电池主要分为三代:第一代是硅基电池,中国做得最好,也是主流;第二代是薄膜电池;第三代是新型薄膜电池。面临的挑战是效率、成本、寿命以及柔性等方面的问题。

不同代际的电池都有其适合的使用场景,不存在"取代"一说,在此介绍两款新型太阳能电池。

第一款是钙钛矿结构太阳能电池,目前中国有不少团队在研究,华中科技大学韩宏伟教授团队就是其中的代表,团队研究成果包括丝网印刷电池以及大面积印刷钙钛矿太阳能电池,随之成立了武汉万度光能研究院及湖北万度光能有限责任公司,在此基础上推动了钙钛矿电池产业联盟的成立。

目前钙钛矿电池在国内很受认可,孟庆波教授在物理所组织的首次"钙钛矿电池"会议规模预计为100余人,后续有200余人参会。第三、第四次会议规模都达到800人。最近也有相关报道,南京大学谭海仁教授团队将钙钛矿电池效率提升到24.6%,是目前已知的世界最高效率的钙钛矿电池——叠层钙钛矿电池效率甚至已经接近30%。可以说,钙钛矿电池是具备深挖潜力的。当然,不可否认的是,也存在稳定性的问题,目前都在解决当中。

在叠层钙钛矿电池基础上衍生出的还有钙钛矿/硅叠层太阳能电池,晶体硅电池本身效率已达到25%,叠加钙钛矿层能更有效地提升效率,且钙钛矿与硅的价格都不高,未来有非常大的发展潜力。此外,钙钛矿电池还可以与铜/铟/镓/硒叠加做成薄膜电池。

第二款是多结电池和聚光光伏电池。光伏电池的核心区域是空间电荷区,为PN结,具备特定的响应波段,如果把几个PN结叠加起来,就成为多结电池,就可以将不同波段的阳光转化为电能,但这样制作就会增加电池成本。所以采用了聚光方法,电池面积小些,在上面用塑料制作透镜,把阳光聚焦到电池表面,聚光光伏电池就是这样制作而成的。此外,非聚光的多结电池也是重要的方向。

德融科技有限公司是薄膜砷化镓电池领域的代表性企业,多结电池做到了3个结,效率提高到36%~37%,企业与复旦大学光电研究院有非常良好的合作关系。作为高效率电池,其应用领域也较为高端,可以应用于汽车、无人机等。

全世界正掀起探索高效率、低成本太阳能技术的热潮,哪一种新电池将更为普遍应用,最终要看电池本身的成本、效率、寿命等综合性能。当然,目前占据主流的仍然是硅电池,硅电池自身性能也在逐步提高,目前效率已经达到25%。

其他太阳能应用还包括太阳能与热、化学以及生物转化等。其中太阳能制氢是比较重要的方向。

再来说第二个方面,发展智能化分布式能源系统和能源互联网技术,也就是把发电用电等这些能源的利用安排进行协同控制,放到一个智能电网的结构里去。

智能化分布式能源系统在未来将变得非常重要,大规模间歇式电源并网技术、大规模多能互补发电技术、大容量快速储能技术/装置会让能源利用方式发生根本性变化。

美国科学家杰里米·里夫金(Jeremy Rifkin)在《第三次工业革命》一书中把"能源互联网"看作新经济系统的五大支柱之一。能源互联网实际上是分布化、小型化、智能化、低成本化、安全、可靠、鲁棒、开放的平台,将来要与信息互联网对等。在这其中,能量路由器也会形成非常大的规模,能量路由器用于微网等能量自治单元之间的互联和能量交换分享,集逆变转换、能量存储、通信与数据交换、能源智能调度、监测与管理等功能于一体,是一个智能能量变换与路由调度中心。可以说,能源互联网重点产业方向的核心产品就是能源路由器,能源路由器的关键技术是将柔性直流路电技术、储能技术、电力电子控制技术以及数据中心智能信息处理技术结合起来,以期在能源互联网中形成分散协同的能量路由与交换机制。

特斯拉公司曾经做过一款动力储能电池,容量为6.4 kW·h,白天利用太阳能充电,晚上使用,也有人认为这是一门生意,晚上半价充电,白天卖出去。这其实是在能源互联网内,储能技术领域要探讨的一个非常核心的问题。

第三个方面,就是因地制宜推广太阳能技术的广泛应用。目前国内有集中式的光伏电站、分布式光伏发电系统,可助力农村电气化、通信及工业应用。例如太阳能农业,由山东潍坊华天新能源公司建成的首个蔬菜大棚光伏发电项目并网发电,上面发电,下面生长农作物,可以室内种菜。再如太阳能建筑,把太阳能电池做成瓦片型,瓦片即可发电,与建筑结合也是未来重要的方向。国家能源集团在广东一个小镇有几栋房子,外墙是太阳能电池,实现了太阳能发电,可以认为自己产生能源用于自己消耗。此外,太阳能在航天、工业、通信等领域运用的案例也有很多。

实现"双碳"目标

全球光伏发电装机容量越来越大,2019年全国光伏装机总量达627 GW,这一数据是当年安装数据,2020年到2025年也会逐渐增加。从地区分布上看,亚洲占比最多,达到56%。其中,2020年,中国总装机容量达到253 GW,光伏年发电量达300000 GW·h,相当于近3个三峡水电站的年发电量。

目前国际上提出节能低碳,欧盟提出2050年100%使用可再生能源,美国则提出2050年80%使用可再生能源,中国计划到2050年可再生能源在总发电量中的占比达到86%,这其中1/3为光伏发电,占比为25%。

国家正在有计划、有步骤地把"碳达峰、碳中和"纳入生态文明建设整体布局,终端能源消费的深度电气化可以使建筑、交通、工业领域的碳排放量分别减少25%、54%、16%。

《中华人民共和国国民经济和社会发展第十四个五年规划和2035年远景目标纲

要》指出,要大力扩大风电、光伏发电规模。同时,国家五部委也提出具体支持政策。在"3060""双碳"目标下,能源结构也需要加快向清洁、低碳转型。

总体而言,"光伏+"产业非常明朗,包括"光伏+制氢""光伏+5G通信""光伏+新能源汽车""光伏+建筑"等。以光伏驱动汽车技术为例,其具有最低的碳排放量。效率和价格是普及应用的关键因素,如果效率为30%,单价为1.5美元,那么光伏汽车的占有率可以达到50%。

根据家用汽车光伏的技术要求,按照日本个人用车需求,全车4.5 m^2 全部铺设光伏组件,光伏组件效率需要达到27%,如果只有车顶铺设,那么光伏组件效率需要达到37%,目前仅有多结砷化镓电池组件能满足这个效率指标。丰田太阳能电池汽车现在使用的是柔性薄膜砷化镓电池,电池效率可达到30%以上。

现在常规电价在上升,而光伏电价在下降,二者价格已经基本接近。中国光伏企业已经占据全球光伏发电企业前五强,包括隆基绿能、协鑫集团、晶科能源、天合光能、阿斯特等。

2020年9月,习近平主席在第75届联合国大会上,明确提出中国力争在2030年前实现碳达峰,2060年前实现碳中和的目标。"双碳"目标直接指向是改变能源结构,即从主要依靠化石能源体系,向"零碳"的风力、光伏和水电转换,加快能源结构调整,大力发展光伏等新能源是实现这一目标的必然选择。

孙世刚

中国科学院院士、厦门大学教授

固体表面物理化学国家重点实验室学术委员会主任、国际电化学会会士、英国皇家化学会会士、中国化学会监事会监事长,曾获国家杰出青年科学基金、国家自然科学奖二等奖、教育部自然科学奖一等奖、国际电化学会 Brian Conway 奖章、中法化学讲座奖和中国电化学贡献奖。

担任 Electrochimica Acta 副主编,Journal of Electroanalytical Chemistry,Journal of Materials Chemistry A,ACS Energy Letters,Journal of Solid State Electrochemical,Electrochemical Energy Reviews,National Science Review,Functional Materials Letters 等编委,《化学学报》《化学教育》和《光谱学与光谱分析》副主编,《电化学》主编。研究内容包括电催化、表/界面过程,能源电化学(燃料电池、锂离子电池)和纳米材料电化学。发展了系列电化学原位谱学和成像方法,从分子水平和微观结构层次阐明了表/界面过程和电催化反应机理,提出了电催化活性位点的结构模型。创建电化学结构控制合成方法,首次制备出由高指数晶面围成的高表面能铂二十四面体纳米晶,显著提高了铂催化剂的活性,引领了高表面能纳米材料研究领域的国际前沿。主持国家基金委重大科研仪器设备研制专项"基于可调谐红外激光的能源化学研究大型实验装置"和"界面电化学"创新研究群体项目,牵头中国科学院学部"我国电子电镀基础与工业的挑战和发展"等项目。

"双碳"目标与电化学能源发展

国轩高科第11届科技大会

众所周知,实现"碳达峰""碳中和"意义深远,电化学能源作为其中的一个重要支撑,它的发展对"双碳"目标的实现起到至关重要的作用。关于能源结构的变化,我们从国家发展和改革委员会能源研究所得到的预测数据是:到2050年,中国非化石能源发电量占比将高达91%,风能和光能等可再生能源需要配套大规模电化学储能装置。

电化学能源的重要地位

电化学包含了几个方面:一是能量转化,直接把分子里面的化学能转化成电能,即化学发电机、燃料电池;二是能量储存,就是把电能储存在能源分子里面,比如通过电解水制氢,或者通过电能把CO_2转化成燃料分子;还有一个方面是能量转换和储存,这就是我们所说的电池。电池把电能转换成化学能储存起来,用的时候再把它转换成电能释放出来,所以我们说电池是电能转换和储存一体化的装置。电化学能源的优势是转换效率高、不受热力学卡诺循环的限制、低排放、可靠、灵活、安全、少维护、长寿命等。

我们知道在电池的发展历程中,第一个可以工业应用的电池是1800年由意大利科学家亚历山德罗·伏打(Alessandro Volta)发明的伏打电堆。整个电化学能源发展过程中出现了很多体系,比如铅酸电池、锌锰电池、镍铬电池,包括20世纪90年代初实现商品化的锂离子电池。2019年的诺贝尔化学奖颁予了在锂离子电池领域做出突出贡献的科学家,这是对电池产业发展的重要肯定。

在电池的整个发展过程中,燃料电池有着非常重要的地位。燃料电池是英国科学家威廉·格罗夫(William Grave)在1839年发明的,它可以把氢分子的能量转化成电能释放,产物是水。燃料电池在载人航天领域得到了重要应用,因为燃料电池反应消耗氢气和氧气,生成产物是水,可以供宇航员饮用。电化学能源在重大的科学研究中占据重要地位。去年上海交通大学与 *Sceince* 期刊合作发布了《125个科学问题——探索与发现》,里面有多个科学问题都与电化学能源紧密相关。例如,能量存储的未来是怎样的？我们如何突破当前的能量转换效率极限？氢能的未来是怎样的？

我们知道可再生能源的开发利用需要储能。储能的应用是多方面的,包括航天、电动车、信息技术和智慧电网等。我国可再生能源利用规模很大,从2016年开始对风电和光伏的投资就位居全球第一,去年风电和光伏装机容量都分别超过了 3×10^8 kW。但是还有"弃风、弃光"的现象发生,所以我们一定要发展电化学储能。电化学储能灵活方便,是主流的储能技术。

从"双碳"目标来看,风、光发电的增长速度很快,有很大的储能需求。很多电池公司,包括国轩高科、宁德时代,以动力电池为主要业务的同时,也在储能方向积极布局,而且取得了快速的发展。

从可再生能源的角度来看,就是要把这些能源变成燃料,用燃料电池驱动电动车。当然,动力电池目前是电动车的主要动力来源。这里面我们做了一个区分,国内研发的燃料电池车都是大型车,比如卡车、巴士、长途客用车,与之相较,锂离子电池一般主要用于短途或者小型乘用车。

国际发展态势

国务院办公厅印发的《新能源汽车产业发展规划(2021～2035年)》指明了未来15年新能源汽车产业的发展方向和目标,有利于推动我国新能源汽车产业高质量可持续发展,加快建设汽车强国。目前来看,我国的新能源汽车及纯电动汽车保有量的发展十分迅速。比如,我国2022年的新能源汽车保有量为1310万辆,规划到2030～2035年将会达到8000万到1亿辆,那个时候将近1/3的车都是新能源汽车。燃料电池汽车发展相对较慢,2022年保有量仅12306辆,规划到2035年将达到100万辆。我国的"碳达峰、碳中和"目标起到了很重要的推动作用。一些先进发达国家制定了停产停售燃油车的时间表,比如最早的是挪威(2025年),荷兰、德国、爱尔兰、英国都是2030年,法国是2040年。除此之外,地方城市也有相应的时间表,例如,美国加州是2029年,中国海南省是2030年(建生态岛)。但在这样的国际发展趋势下,我国已经有很多汽车厂都在布局和投产制造新能源汽车。总体看来,我国新能源汽车保有量将占全球一半以上。

电化学能源不仅可应用在可再生能源的储能和电动汽车方面，还可以应用在很多领域，比如万物互联移动终端电源、军用电源（用于导弹、鱼雷等的特种电池）、航空航天、深海探测方面。

近些年，英国、美国、欧盟、日本都制定了10年及以上的电池发展规划，这是国家层面的行动，我国科技部也已部署了相关重点研发计划专项，如储能与智能电网技术、氢能汽车、新能源汽车、高端功能与智能材料等。比较来看，国际上的发达国家重点在加强基础研究、提前布局引领发展方向、抢占制高点。我们国家仍处在突破技术瓶颈、促进产业发展的阶段，但我国的电池产业规模已是全世界第一，亟需推动加强原创性、引领性的基础研究。

英国的"法拉第电池挑战"(Faraday Battery Challenge)项目主要有研究、创新、规模三个方向。研究内容包含延长电池寿命、多尺度模拟、循环利用、下一代电池制造、下一代锂离子阴极材料、进一步改善下一代锂离子电池寿命和电动车里程、下一代固态电池、下一代钠离子电池、锂硫技术加速器、电池表征等。创新角度包括钠离子电池阳极先进材料、安全高压电动汽车电池材料、汽车能量转换技术储能热策略、高级电池工程的电池管理系统、电动汽车电池循环再制造技术可行性研究、定制汽车锂离子电池回收、智能汽车电池管理算法，用于动力电池电流密度成像的3D打印传感器、用于电池或电池内工作的电池监测系统的3D打印温度传感器、Granite-乘用车固态电池、混合动力电池优化等。规模上，主要表现在集成方面。英国成立了电池产业化中心(UKBIC)，旨在支持电池技术发展。

美国发布了《国家锂电蓝图（2021～2030）》，顾名思义就是以电池为名的国家蓝图，致力于解决新材料的重要科学问题，并发展满足不断增长的电动汽车(EV)和电网存储市场需求的制造基础。这包含几个方面的内容：第一是确保电池原材料供应安全，寻找关键矿物原料替代品，降低美国锂电池对关键矿物的依赖；第二是建设能够满足美国国内锂电池原材料加工能力的生产基地；第三是促进美国国内正负极材料等前驱体、电芯、电池组的生产能力；第四是在美国建立废旧电池回收和材料循环利用机制，并形成具有竞争力的锂电池价值链；第五是保持和推进美国在电池技术研发方面的国际领先优势。

欧盟制定了"电池2030+"(*Battery 2030+*)计划，它的目标是推动欧洲为期10年的大规模电池建设工作以促进电池领域的变革性发展，不断提出新的研究方法和开拓新的研究体系，实现高性能电池研发，最终实现欧洲国家在2050年前不再使用化石能源。具体包含以下内容：首先包含了一个产业加速平台，从产业角度加速研发进度；

其次是电池界面"基因组",我们知道电池里面有很多界面,这些界面有非常重要的作用,它决定了电池性能,这是从基因组角度来对电池材料组的性能进行优化设计;然后是智能传感器,实际上讲的就是智慧电池;最后是自愈合能力(智能功能集成),这是在向电池的智能化方向发展,进一步推进未来电池的规模化制造。

我国面临的挑战和创新发展

中国电化学委员会一直致力于推进我国在电池、电化学能源的基础研究领域的产业发展,力争能够取得突破性进展,甚至期望能够在国际上引领下一轮的发展。我国在电化学研究领域面临的挑战主要包括以下几个方面:

(1)面对产业快速发展的现状,无论是在电动车、规模储能,还是在5G、人工智能以及国防安全方面,都对电化学能源提出了越来越高的要求,包括高安全性、极端环境适应性、低成本等。比如现在的锂离子电池面临的挑战就有:充电时间焦虑、行驶里程焦虑、成本焦虑、极端条件焦虑等。所以我们要从全方位的角度来提升性能,以更好地满足用户需求。其实,我们国家的产业规模非常大,生产销售和消费规模位居世界第一,但是我们大而不强,与国外先进水平相比仍存在较大差距,因为我国缺乏原创的电化学能源体系,核心技术尚未掌握。

(2)在氢能燃料电池领域,我们才开始进入产业化导入期,传统电化学跟国外有很大的差距,特别是在一些关键材料方面,还处于被"卡脖子"的状态。

(3)在军工领域,超级电容器可以基本解决军工需求,但民用方面我国依旧受制于人。

(4)在理论研究方面,因为体系发展了以后,性能各方面都发生了变化,基础理论也需要相应发展。比如,传统化学体系中表界面反应和传输过程相对独立、简单耦合,亟待发展新型电化学体系复杂的界面反应、传输等过程高度动态耦合的理论。

(5)电化学能源服役工况的复杂性。比如在电池服役情况下,它做功是会随机变化的。一辆电动汽车在运行过程当中,它的电流、电压、功率、车速是随机变化的,这些变化会对电极界面和材料带来重复冲击,进而引发安全事故。

(6)智慧能源互联网对电池性能提出了全新要求。能源互联网就要融合光伏发电、太阳能发电、风能发电,建设新系统。电动车作为一个储能载体,怎么调动控制它的电路反馈也是一个新挑战、新要求。在智慧能源互联网中,所有的电动车都是一个储能单元,它既可以做电动交通工具的动力,又可以储能。在5G网络中,5G基站对储能也提出了更高的要求。

我们回顾电化学能源创新发展时发现,如果想要有突破,一定要回到基础方面,就是要从电池的材料、界面、传输、系统各个方面,多层次地开展基础研究。材料上,要从电化学能源材料结构和性能的构效关系方面去加强研究。另一个重要的研究领域是界面,包括电解液与电极材料形成的界面,电极材料与集流体之间形成的界面,等等。各种界面的特性决定了电池的性能。对界面的研究包括怎么来认识它、怎么来表征它、怎么通过大数据(人工智能机器)来进行智能化的设计和构筑。在传输研究方面,它涉及多尺度、多场耦合的物质传输和转化机制,也就是说我们要揭示不同尺度下的材料内部和各种界面的传输转化的机制,助力电化学能源器件的集成和高效运行。最后是对系统的研究,我们知道所有的电池(包括燃料电池)最后通过系统的方式集成起来。其实我们在使用的时候,一个电堆里包含了很多电池,如何感知每个电池在运行过程当中的变化,进行实时调控,这是非常重要的问题。这就要跟智能传感、大数据结合起来,从而实现自修复、自调整和自适应。可能我们以后在智能电池里面会植入很多MEMS传感器,把电池的温度、工作状态、荷电状态、运行状况等情况实时传送出来,这样我们就可以及时监控电池的工况状态,实时调整,从而避免出现安全事故,更高效率地发挥作用。

最后简单做下总结,第一个是关键科学问题的解决需要研究范式的变革。我们可以看到电化学能源的研究是多学科交叉的,我们需要突破传统的研究方法,通过数据驱动和人工智能的研究范式变革,从而实现电化学能源新体系的突破。第二个是电化学能源的创新发展需要多学科交叉(化学、材料、数学、物理、工程等)、产学研协同。

刘 劲

长江商学院教授

曾任教于美国哥伦比亚大学、加州大学洛杉矶分校(UCLA),并获终身教授职称,获哥伦比亚大学商学院(Columbia Business School)工商管理博士学位。长期从事资本市场、财务会计和股权投资的研究,是股权投资和证券分析领域的国际著名专家。研究成果具有国际影响力,个人多次被收入在爱思唯尔制作的"中国高被引学者榜单"中,担任多个国际一级学术刊物的长期审稿人及编委,曾获长江商学院杰出研究奖、加州大学安德森管理学院杰出研究奖,以及巴克莱全球投资最佳论文奖。注重理论与实践的结合,对商业实践有深度的研究和参与,除了在商学院的多年教研和管理工作,与多个国内、国际一流企业有深度的、面向实践的合作研究。

为什么碳中和需要碳交易市场

国轩高科第11届科技大会

当前包括国轩高科在内的新能源公司都想从技术端解决碳中和这一终级问题。但是基于整体角度分析,碳中和最核心的问题是经济问题。要达到碳达峰,实现碳中和,从经济角度分析最终只有两种办法:一是降低新能源成本,二是增加碳排放成本。实际上,诸如国轩高科等新能源企业试图采取科技手段来降低新能源成本,政府也在其中起到了巨大的推动作用,例如"政府补贴"就是在降低新能源的成本。

除了降低新能源成本,还可以增加碳排放成本。关于最终需要将碳排放成本增加到多少这一问题,存在多种测算。例如,国际货币基金组织曾测算得出,当碳排放价格为每吨75美元时,才能达到减碳的整体要求,即将升温幅度控制在1.5 ℃内。但是,目前世界平均碳排放价格仅约每吨2美元,还远远不够。当前全球温室气体排放约每年500亿吨,要达到控温要求,整体所需碳排放的社会成本是500亿吨×75美元/吨,共计近4万亿美元,即全球每年GDP的大约4%为碳排放的社会成本。

目前关于如何增加碳排放的成本只有两种办法,一是直接给碳排放设置税收,称之为"碳税"。实施碳税会出现各种问题,例如应该怎样收税?要收多少税?到底能减低多少碳排放?而且收税只是一个中间过程,最终目的是要实实在在减少碳排放。

另外一种做法可以更加有效地增加碳排放成本,即为碳交易。碳交易有以下几点核心:

第一,碳交易可以对碳排放进行精准控制。例如当前全球碳排放是500亿吨,若要在未来10年降至400亿吨,可以通过建立碳交易市场控制总量,这是在对碳排放进行精准控制,而碳税是间接控制。

第二,可以将碳交易看作一种碳排放权利,这一权利也是一种资产,需要企业购买,即企业进行碳排放就必须购买碳交易的碳排放权利。

第三,要建立一个良好的碳交易市场,需要对碳排放进行清晰度量,这一点非常重要。

第四,一个良好的碳交易市场必须控制资产发行的总量,对超量使用的碳排放权利要进行惩罚。如果不控制总量或者超量后不进行惩罚,碳交易市场将无法建立。

第五,碳交易市场的优点是让市场制定碳排放价格,可以采取实施碳税的方式增加碳排放成本,通过控制碳排放总量,让市场发现最终价格。

第六,注重市场的调控作用。市场效率很高,可以让市场的参与者交易碳排放权,效率最高者得。

全球气候变暖是全球性问题,要解决这一问题必须全球协同。但是实际上,各国为应对全球气候变暖问题采取的做法不一。业界将部分国家称为"先进国家",在解决全球气候问题上走在前列,采用了较为先进的手段,做出了较大努力。此外另一部分国家,业界称为"后进国家",在气候问题方面尚未有过多作为。

对于所谓的"后进国家",主要采取两种方式。其一为"胡萝卜"的方式,最典型的即为在全球范围内实行的"清洁发展机制"(CDM)计划,通过发达国家从发展中国家购买碳排放份额,发达国家向发展中国家进行补贴的方式在全球范围内推行减排。其二为"大棒"方式,尚未推行但未来将会是全球发展方向,即所谓的"先进国家"向"后进国家"的出口产品进行收税,通过碳边境税来调节碳排放在全球范围内的分布,鼓励减排并惩罚排放过多的国家。

全球范围内正在不断推进实施碳税,据世界银行统计,截至2021年,全球共有35个国家和地区实行了碳税,而在20世纪90年代几乎没有国家和地区实行碳税,由此可见过去30年进步巨大,尤其是过去15年进步非常大。碳交易市场的建立情况和碳税实施情况非常相似,截至2021年底,全球共有31个国家和地区引入碳交易市场。

哪些国家或地区比较先进,哪些国家或地区相对发展得比较慢?这一问题可以从两个维度分析,一个是碳税方面,另一个是碳交易方面。欧盟在碳税方面引入了非常严格、严密的体系,在碳交易方面建立起全球最领先的体系。美国在此方面实际上相对较落后,因为美国民主党和共和党关于温室气体应该如何进行控制这一问题存在很多矛盾,尚未统一认知。目前美国碳交易市场较为发达,但是碳税较为宽松。作为世界第三大经济体的日本,碳税实施较为严格,但是碳交易市场较为宽松。日本跟欧盟、美国不一样,其覆盖率非常高,但是目前为止其碳税税率较低,所以减排效果不太明显。中国和韩国实际在碳税和碳交易两方面都处于初级阶段,中国的具体情况随后详细介绍。

整体来看,碳税制度和碳交易市场在全球范围内覆盖率越来越高,但是截至目前,碳税制度和碳交易市场所覆盖的全球温室气体排放额已超过全球20%。从发展进程来看,这一发展速度已经相当之快,因为约15年前,全球范围内仅不到1%的温室气体被碳交易或碳税制度所覆盖。

全球碳定价政策实施情况各地不一,可从以下三个维度来分析全球发展态势(图1)。纵轴是各国对碳收税的价格,无论是碳交易还是碳税,往往是欧洲国家定价最高,例

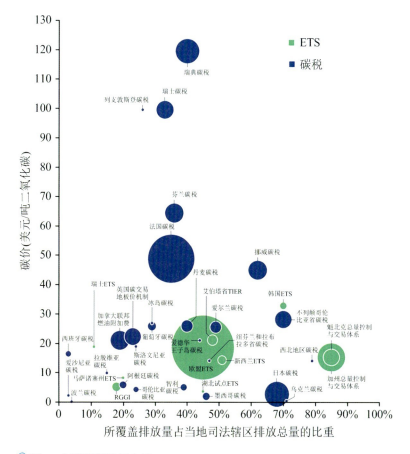

> 图1 全球碳税发展态势
>
> 其中图形面积表示碳定价收益相对大小;资料来源:世界银行2020年碳定价的现状与趋势。

如瑞典碳税为120美元/吨,瑞士碳税为100美元/吨,法国碳税约为50美元/吨。横轴是各国温室气体的覆盖率,美国加州和加拿大魁北克位于最前列。但放眼整个经济体量,即从碳税总收入的角度,欧洲国家远远走在世界前列。欧洲国家碳交易市场总量(包括法国碳税)在全球范围内一骑绝尘。

欧洲作为全球最领先的碳交易和碳税市场,其发展经历了四个阶段:第一阶段从2005年开始,在此之前没有太大作为,2005年到2007年,处于试验阶段;第二阶段自2008年到2012年,经历了金融危机;第三阶段是从2013年到2020年;当前正处于第四阶段。这四个阶段有以下几个共同点:

(1)欧洲碳市场覆盖范围正逐渐拓宽,覆盖国家越来越多,覆盖行业越来越多。碳交易市场刚实行时,仅仅局限在发电行业,第二阶段加入了航空业,第三阶段加入了各类工业生产行业等。覆盖的气体从最初的二氧化碳,继而加入了二氧化氮,最后加入了全氟化合物(PFC),在整个工业进程中,加重温室效应的气体逐渐加入覆盖范围,这是一个特点。

(2)市场上碳的配额每年逐渐缩减。第一阶段欧盟整体碳配额约为每年23亿吨,23亿吨实际上是当时欧盟碳排放总量,这时总量较高。随着时间推移,第二阶段每年碳配额下降1.74%,第三阶段每年碳配额下降2.2%,第四阶段每年碳配额下降4.2%,所以到2030年时,整个欧盟碳市场配额仅有10亿吨左右。从上述变化可见,欧盟整体被覆盖的碳排放从23亿吨减少到10亿吨,这是一个非常明显的降幅。

(3)欧盟碳市场分配机制更加合理化,拍卖比例逐渐增加。碳市场刚建立时,95%碳交易的碳排放权为免费分配,仅5%来自拍卖。到第二阶段,90%是免费分配,10%来自拍卖。免费分配的碳交易权发挥的约束效应很小,只有用真金白银买到的碳交易权,才会起到真正的约束效应。到第三阶段,只有43%的碳排放权免费分配,57%要通过拍卖的方式获得,这意味着现在欧盟的碳排放企业要花大量金钱来买碳排放权利。

(4)监测报告和核查机制愈发严格,惩罚机制愈发完善。欧盟在第一阶段时,碳交易市场上如果有违约超额排放行为,每吨二氧化碳罚款40欧元,在第二阶段时罚款从40欧元涨至100欧元,100欧元是一个非常高的价格,目的是警示公众决不可违约。如果非常需要碳排放权利,可以去市场购买。与此同时,监测报告和核查制度也随之愈发严格。

第(4)点与股市非常相似,股市中的上市公司要向资本市场提供企业信息、报表,这些资料需要会计师事务所审查核查,碳排放实际上也有类似机制。目前在第四阶段,欧盟已经建立了一套相当完整的机制。

从欧盟经历的以上四个发展阶段可见,欧盟的碳排放价格随着历史发展波动,例如2007年底,碳排放价格一路跌至近乎为0,原因很简单,2008年时正值金融危机,即使政府或者碳排放市场不约束,由于企业没有经济需求,碳排放的需求较低,碳排放价格便严重下跌。此外还有一个特点,虽然整体存在波动,但随着碳排放配额供给逐步压缩,碳排放市场分配机制、惩罚机制等日益完善,碳排放市场的价格日益增长。近一年,欧盟的碳排放价格已经达到了100美元。

随着碳排放市场的建立,每年欧盟通过对碳配额的拍卖都可以有大量的收入。例如2020年,欧盟收入165亿欧元,对比2012年收入6亿欧元,进步巨大。因此,从2013年到2019年,欧盟将70%拍卖所得320亿欧元用于投资各种可再生能源、节能减排、绿色交通等方面。如此形成了一个闭环,一方面对碳排放企业收税,另一方面将税收投资可再生能源,进一步促进减排。

随着碳交易机制的引入和普及,欧洲企业都在积极参与响应。2020年欧盟约77%的企业已经启动了减排措施,而且重排放企业减排参与度高达82%。毕竟当碳排放价格是每吨100欧元时,所有企业都有很大的经济动机来推进减排。由此可见,欧盟的碳交易机制非常成功。

目前中国碳交易市场处于初级阶段。2021年1月5日中国正式发布碳交易法规,至此碳交易才进入全国实施阶段。此前经过了多年的实验试点阶段,2005年至2012年间,中国没有独立的碳交易市场,是通过国际CDM项目与欧盟进行合作,即中国将碳排放权利卖给了欧盟国家的企业。

当前我国已经进入碳交易市场建设阶段。与欧盟相比,目前中国碳交易市场的主要特点有以下几点:

(1)覆盖面小,仅覆盖了二氧化碳,其次覆盖行业仅为电力行业,与欧盟第一阶段非常相似。

(2)关于碳排放配额分配,当前配额是基于排放强度,其次是免费发放。根据每个企业、每个行业的排放强度,以及历史数据给企业发放碳排放权利,所以约束性相对较弱。

(3)惩罚机制相当宽松,一般情况罚款在50万元以下,且存在清缴上限。

整体来看,我国碳交易市场的发展现状与欧盟第一阶段非常相似。我国碳排放市场建立以后,实际交易量偏小,交易价格相当低,每吨二氧化碳约60元人民币,碳交易市场处于初级阶段。

综上所述,温室气体对全球温度和气候的影响不容乐观,实现全球"碳中和"目标仍面临诸多挑战。碳税和碳交易是实施减碳的核心手段,欧盟在低碳产业领域处于世界领先地位,拥有非常成熟的碳交易实施方案和市场体系,为我国控制碳排放提供了借鉴模板。当前我国在此领域尚处于初级阶段,还有很长的路要走。此外,我国和其他发展中国家会愈发受到发达国家越来越重的碳边境税影响,这可能是将来5~10年非常重要的经济话题。

动力电池——引动全球汽车新革命

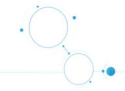

动力电池作为新能源汽车的"心脏"与"动力之源",一直扮演着至关重要的角色。面对原材料价格"疯涨",动力电池产业迎难而上,不断寻求创新与突破。本章带你一同走近动力电池行业,感受动力电池产品创新魅力,迎接电池科技自立自强和高质量发展的"新未来"。

032 / 新型二次电池与相关材料研究进展
　　　吴　锋　中国工程院院士

038 / 正极镍溶解对SEI膜结构的影响研究
　　　邱新平　清华大学教授

044 / 高能锂离子电池及锂硫电池的发展
　　　张久俊　加拿大皇家科学院院士

050 / 动力电池技术现状及发展趋势
　　　肖成伟　中国电子科技集团公司第十八研究所研究员

062 / 从测试看电池系统安全技术
　　　王　芳　中汽中心资深首席专家

吴 锋

中国工程院院士、北京理工大学教授

新能源材料科学家,北京理工大学学术委员会副主任、北京理工大学求是书院院长、能源与环境材料学科首席教授,北京电动车辆协同创新中心清洁能源领域主任兼首席科学家。

吴锋作为我国锂离子电池研究最早的倡导者和组织者之一,带领团队自主开发出一系列锂离子电池关键新材料、电池制备新工艺和电池安全新技术,提高了锂离子电池的能量密度、功率密度、安全性和温度适应性,为我国锂电产业发展和抢占国际高端产品市场提供了技术支持;提出通过系列关键材料的协同作用提高电池本征安全性,发明了安全性电极、复合型陶瓷类聚合物隔膜、具有阻燃性和电化学兼容性的电解质体系;在废旧二次电池绿色回收技术等方面也获得了一系列研究成果和发明专利。先后主持承担国家"863计划"项目、"973计划"项目、国家自然科学基金和国防科研等项目26项,主持创建了"国家863"镍氢电池中试基地及北京理工大学绿色二次电池与相关材料设计、制备、评价与应用一体化的创新研究平台、校"绿色化学电源体系研究与应用"科技创新团队。作为第一完成人获国家技术发明二等奖、国家科技进步二等奖各1项,省部级科技一等奖多项。在 Chemical Reviews、Advanced Materials、Nature Communications、Nano Letters 等期刊发表SCI收录论文600余篇。

新型二次电池与相关材料研究进展

国轩高科第11届科技大会

引言

在当今世界诸多问题中,能源与环境问题是全人类面临的重大难题。由于化石燃料有限,引起了后续资源不足、生态环境恶化和地区冲突加剧。因此,建立洁净可再生的新能源体系是人类社会的必然选择,二次电池将在其中扮演重要角色。

新型二次电池是当前国际上竞相研发的热点,已成为新一代信息通信、电动汽车、储能电站与能源互联网等重大应用的关键环节。2013年麦肯锡全球研究所提出的12项改变世界颠覆性技术中,就有4项与其相关。2019年诺贝尔化学奖授予了致力于锂离子电池研究的科学家,颁奖词中说:"重量轻,可充电的锂离子电池现在被用于手机、笔记本电脑、电动汽车等领域,它还可以储存大量来自太阳能和风能的能量,使一个无化石燃料的社会成为可能——创造了一个可充电的世界。"中国动力电池企业当下面临的共同问题:一是材料革新,正、负极和电解质材料如何创新?二是技术突破,相关"卡脖子"技术如何突破?

技术进展

(一)高比能锂离子电池相关材料

二十多年前日本学者提出锂离子电池的能量密度极限是250 W·h/kg,我们在高容量正极材料研究中引入阴离子反应,通过阴阳离子的协同电荷补偿,由单电子反应向多电子反应过渡,实现了锂离子电池能量密度的突破,也为新一代锂离子电池奠定了技术基础。

富锂层状材料具有高可逆比容量,但是该容量来源已经不能仅用过渡金属氧化物还原来解释。大量研究工作表明,富锂层状材料中的晶格氧参与了得失电子过程,从而提供了额外容量。同步辐射RIXS揭示层状$LiNiO_2$在高电位下可激活阴离子活性,形成阴阳离子参与的多电子反应。我们也研发出层状-岩盐复合结构富锂正极材料,它既表现出较高的电化学活性,又呈现零结构应变特性,开拓了正极材料研究的新方向。新一代锂离子电池的正极材料发展方向是高镍化、无钴化、单晶化,鉴于镍价的高涨,也在着手研究无镍正极。我们在正极材料研究中采用仿生膜的设计,通过界面保护提高材料的循环稳定性,构筑选择性锂离子电池嵌脱通道提高材料的倍率性能。

此外,我们还通过优化前驱体的共沉淀工艺,改变气流通入速率,制备出二次颗粒内部具有多孔结构的NCM811材料。通过构筑高强度快离子导体强化二次颗粒晶界,使用框架结构提高了倍率性能和循环稳定性,1 C下循环100周容量保持率从86.87%提高到99.45%。在电解质方面,我们采用了兼顾高安全性和高比能的策略——固态电解质,通过原位引发将离子液体封闭在$TiO_2/SiO_2/ZrO_2$网络结构中,所制备的纳米氧化物电解质具有不燃或难燃性、热稳定性高、电化学性能好、导电率高等特性。我们提出界面成膜的机理,发明了双功能添加剂,研制复合界面膜,大幅度提高电池稳定性和寿命,氧化电位提升了30%。

另外,我们也提出了阴离子协同机制,研发出酰胺基功能溶剂,制备出复合多元电解质,特别是复合多元电解质实现室温离子电导率为$6.3×10^{-3}$ S/cm。如果制备的固态电解质室温离子电导率达不到10^{-3} S/cm,那么离真正的市场化就还很远。

在硅负极材料柔性技术与长寿命化方面,我们通过导电聚合物包覆,实现硅纳米粒子与导电聚合物的柔性组装。另外,我们还做了新型的硅基材料,提供更多电化学活性位点,从而提高电极的比容量。相比于由石墨负极搭配NCM三元正极组成的锂离子电池,由硅/碳负极搭配NCM三元正极组成的锂离子电池在电池能量密度、循环寿命、安全性方面均展现出优异性。

我们也提出化学吸附机制改性NC91正极及Si/C负极界面稳定性策略,所获得的锂离子电池的能量密度可以达到400 W·h/kg。我们"973"团队还获得兼具能量密度的高功率密度电池新体系,通过电极表面的结构和界面功能调控,提升了倍率特性,实现了复合材料电池的功率密度为3000 W/kg,同时能量密度达到122 W·h/kg。

(二)高比能二次电池新体系的构筑

在2002年第一期国家"973"项目开始的时候,我们就提出了创建多电子反应高比能二次电池新体系,并将电池能量密度的指标定在300 W·h/kg,远高于同期美国和日本的指标,并在项目结题验收时达到了这个指标。在第二期国家"973"项目(2009~2013年)中,我们在第一期多电子反应体系的基础上加上了氢元素,并实现了350 W·h/kg的高比能指标。在第三期"973"项目(2015~2019年)中,我们提出了采用轻元素、多电子、多离子反应体系,实现了电池能量密度跨越式提升。连续三期的"973"项目,历经17年,通过项目团队成员的共同努力,打破了单电子反应($n=1$)的思维定式,开拓了电池材料的研究视野,通过多变量协同效应,实现了能量密度的三步跨越。

以多电子锂硫电池为例,它的理论能量密度可以高达2600 W·h/kg。特别值得关注的是我们全国的石油化工副产物硫磺产量每年有1000万吨,这意味着如果能够用硫磺作为硫的原料,在成本上会有很大的降低空间。锂硫电池发展也有很多难点,比如它的硫电极的导电性能差,活性物质溶解影响电极稳定性,高比容电极材料与电解质适配难度大等。

我们通过设计三维导电网络,实现高比容量。另外,通过纳米孔限域、聚合物包覆等技术,抑制了活性物质的溶解流失。通过对离子液体基功能电解质的多元优化和对复合硫电极的表面修饰,来解决适配难度的问题。我们还基于模块组装来获得高载硫的锂硫电池正极材料。通过构筑界面反应,强化界面稳定性,通过隔膜正极侧界面层设计,提高活性物质循环稳定性。

我们还提出了固液界面调控机制,发明了仿生结构的电解质,研制了复合的固态电解质,实现离子电导率的跨越式提升。我们通过构建自组装柔性骨架,调控离子温度适应性,制备出固态锂硫电池,能量密度达到618 W·h/kg。

铝是地球上储量丰富的金属元素之一,我们发明了具有三维结构的黏结剂,规避了由于黏合剂被腐蚀产生的活性物脱落难题,实现了铝离子的三电子嵌入反应,构筑了铝二次电池新体系,在国际上率先报道了铝离子在氧化物中的储存和输运机理。我们利用Mn_3O_4的尖晶石–层状转化反应机理,通过原位电化学转化的方法合成得到了高容量、高能量的铝离子电池正极材料,为提高铝离子电池能量密度提供了材料基础。

(三)电池安全材料与安全系统

我们在追求二次电池能量密度提升的同时,也带来了潜在的化学不稳定性。因此,高比能电池的安全性也成为国际关注的热点和难题。安全性是底线,是必选项,做良心电池已成为越来越多电池企业的共识。我们从调控和切断电极反应的基元步骤入手,发明相关安全性材料,提高电池安全性。包括我们研制的温度敏感电极、陶瓷高强隔膜、安全电解质等。

针对负极侧的关键问题,我们设计出隔膜负极侧人工层,稳定金属锂界面。我们研发出具有智能识别功能的安全性电极材料和难燃、不燃电解质、温度敏感电极、电压敏感隔膜、稳定金属锂界面等单体电池安全保护技术与材料,来提高电池本身安全性。另外,我们还提出了电池安全阈值的边界识别与控制,建立了安全状态数学模型。

(四)废旧锂离子电池绿色回收技术开发

电池对环境的负面影响日益显露,加之锂资源的日渐匮乏,如何回收废旧锂离子电池现已成为一个社会问题。退役动力电池的回收及再利用不仅可以取得一定的环境及经济效益,同时可促进动力/储能电池的可持续发展。我们团队研发出天然有机酸绿色高效回收技术，钴、锂、镍的浸取率能够达到96%。我们还研究将废旧锂离子电池负极回收制备碳吸附剂，所回收制备的碳吸附剂磷吸附量高达588 mg/g，是目前吸附效果优异的碳类吸附剂之一，将其用于滇池、太湖等磷污染的治理，并将该磷吸附剂再作为磷肥用于农田。

邱新平

清华大学教授

　　主要从事锂离子电池、燃料电池（包括重整制氢）及储能用液流电池为主的先进化学电源的基础及应用研究，研究方向包括新型电池材料、电催化材料、电解质材料、电极反应过程动力学以及新型电池生产工艺等。先后承担了多项国家"863"项目、国家"973"项目、国家自然科学基金、国家重大国际合作等项目，发表被SCI收录的学术论文200余篇。2007年获教育部自然科学二等奖1项；2009年获北京市自然科学一等奖1项；2009年获北京市科学技术进步三等奖1项。现任 *Fuel Cells*、《电化学》、*Research*、《电源技术》等杂志编委，"中美清洁能源中心–清洁汽车产业联盟"中方副主任，中国电机工程学会电力储能专业委员会副主任等职务。

正极镍溶解对SEI膜结构的影响研究

国轩高科第11届科技大会

高镍电池在应用过程中,镍溶解问题对活性材料表面的SEI膜具备一定的影响,而材料的衰退并没有界面衰退那么快速,这一现象具备研究意义,在此介绍一下我们针对这一问题的研究。

SEI膜的研究意义

锂离子电池至今仍处在发展的初级阶段,随着对电池性能的要求逐步提高,锂离子电池在新的应用场景中仍面临诸多挑战。以锂离子电池在电动汽车上的应用为例,许多问题亟待解决。首先是低温特性,或者叫宽温度特性,在现有条件下,零下二三十摄氏度或者到高温55摄氏度之后,没有很好的技术实现锂离子电池正常使用;其次是快速充电性能,以美国为例,2018年即开始布局快速充电技术;再次是成本问题,关乎资源、耗电等方面;此外还有电池寿命、安全性以及电池应用过程中遇到的一些问题。

实际上,以上问题更多与SEI膜及界面稳定性有关。大量研究表明,电极材料,无论是正极还是负极,多次循环后再重新换电解质后材料依旧是好的,因此电池性能的衰退与SEI膜有很大关系。

2012年到2015年间,我们实验室检测了几千块电池。在开始时,用多种筛选方式保持电池一致性,但随着循环次数增加,电池离散度也在不断增加,寿命也逐步缩短,引发离散度增大的原因,实际上也与SEI膜有关。跟踪电池内阻变化时,发现内阻的离散性与电池性能衰退容量离散性基本一致,所以电池内阻变化是引起电池离散性变化的主要原因,而内阻变化与SEI膜有很大关系。因此,从2013年后,实验室专门针对SEI膜结构以及其受到性能的影响因素做了相关研究。

SEI膜的研究介绍

SEI膜的英文全称为Solid Electrolyte Interphase,中文翻译是固体电解质中间相,一般称为SEI膜。

SEI膜是如何形成的呢?锂离子电池具有正极和负极,工作的电压区间较大,正极电位很高,有机物容易被氧化,负极电位很低,有机物(包括盐)容易被还原。被氧化或者被还原的产物就会沉积到电极的颗粒表面,比如在负极的颗粒表面会长一层物质,这类物质具有锂离子导电的特性。

如果缺乏锂离子导电性,电池性能就会衰退。以色列的皮勒(E. Peled)教授最早提出SEI膜具有锂离子导电特性,后续才有了目前的锂离子电池。假如形成的SEI膜不具备锂离子导电特性,电池就无法充电、放电,无法工作。因此,SEI膜对电池性能的影响至关重要。

从目前的实验数据来看,SEI膜的厚度在30 nm到50 nm之间,过分生长后,能超过100 nm,因此SEI膜需在纳米范畴讨论。尽管SEI膜在电极中按质量分配仅占总重量的百万分之一,但对电池性能的影响应该是大于50%的,因此,国际上对SEI膜的研究非常多。但由于SEI膜结构复杂,比较薄,到目前为止,研究结论中存在一些相互矛盾或无法自洽的地方。不过,经过二三十年对其自身结构的研究,研究界达成了以下一些共识:第一,SEI膜具有锂离子导电特性;第二,SEI膜是复合相结构,而非单一物质,包含有机物、无机物,属于混合物;第三,SEI膜具有多层结构,内层无机物多一些,外层有机物多一些;第四,SEI膜应该是多孔而疏松的,可能会有溶剂进去等。总之,关于SEI膜的结构,存在极大的想象空间,普遍将其结构称为"马赛克"结构。

目前为止,对于锂离子导电向区的位置还未明确,想象中锂离子是从有机相导电,不过目前缺乏直接证据。基于此,实验室学生做了以下工作:

首先,构建SEI膜,并且对比碳酸乙烯酯(EC)电解质与氟代碳酸乙烯酯(FEC)电解质两种体系电解质形成的SEI膜结构不一样的地方。实验中发现,在同样条件下循环,用FEC电解质的首次库仑效率比用EC的要低,后期循环的库仑效率也相对低。同时,从放电曲线上看,FEC分解会多余一部分容量。与FEC相比较,EC电解质在石墨颗粒中会出现氟化物白点以及不均匀的颗粒,虽然FEC电解质也产生小型颗粒,但更为均匀。

在此基础上，进一步运用XPS去做表面SEI膜的成分分析。SEI膜的主要元素为碳、氧、磷和氟等。EC电解质形成的SEI膜中磷酸盐含量略高，而FEC电解质形成的SEI膜则以氟化锂为主。因此不同电解质形成的SEI膜在元素分配上不一样。

最后，采用飞行时间二次离子质谱仪(TOF-SIMS)进行实验，也就是将电极上的材料变为离子碎片，通过质谱方式将离子碎片找出并加以分析。EC形成的SEI膜约为30 nm，分为三层：外层、中层及内层。FEC形成的SEI膜要相对薄很多，约为18 nm，同样具备三层结构。外层为无机盐，中层为过渡，内层为有机物，与国际上认为无机相在内层略有不同。位置不同与电解质中物质分解次序有关，先分解在内后分解在外。进一步用三维图去解构，第一部分是无机相，第二部分是氯化合物，第三部分与有机相有关，第四部分与碳有关，最下面是石墨。

基于这些实验结果，我们总结到如下观点：SEI膜无机相主要分布在表面，但FEC形成的SEI膜相对于EC形成的SEI膜要薄一些。同时，在时间及热分解温度上，FEC形成的SEI膜相较于EC形成的SEI膜要更为稳定。以上是关于SEI膜的基本特点。

高镍溶解对SEI膜的影响

高镍溶解现象实际上是普遍现象，很多的锂离子电极材料在使用过程中，正极都会溶解。

实验中为加速镍溶解，将电池在电压上限进行充放电以跟踪电解质中过渡金属离子。实验对象是高镍，除此之外，还存在锰、钴。随着循环次数增加，镍含量逐渐增加，同时锰、钴也在增加，不过增加幅度要低于镍。同时，通过向电解质添加镍盐的方式来模拟镍溶解的影响，发现电池的内阻增加很快且容量衰减很快，但后端衰减基本平行。所以，镍溶解对于电池衰减影响较大。

通过对比两组电解质可知，在增添镍后，EC电解质开路电压变化非常快，FEC电解质40 h后则基本稳定。开路电压变化的原因一般是SEI膜厚度增加或电解质的电阻率增加。

进一步判断镍如何影响SEI膜可得，一般来说阻抗增加有两个原因：一个是厚度增加，另一个是SEI膜中的电解质的电阻率增加。

进一步用TOF-SIMS及三维成像去检测镍交换后的位置，在EC电解质形成的SEI膜中，可以明确镍在有机相内，主要与有机相反应，有机相与镍的分布是同步、一致的。在FEC电解质中再进行全电池循环时,也有类似现象。多次循环后,有机相中的锂碎片被原有镍离子替换,整个内阻增大。对于FEC电解质还有个结论,在前面提过FEC循环过程中镍对FEC的影响不是很大,所以它的循环线较为平稳,FEC和EC组合以后,从循环83次跟循环183次看,阻抗变化不是很大,而用EC电解质,我们看到循环83次和循环183次,它们的阻抗变化还是比较大的。

再来看电解质中镍溶解的量。用FEC电解质镍溶解量很少,其他的分别用了5%的FEC、10%的FEC、30%的FEC。从这可以看出,当电解质中FEC量增加以后,镍溶解量会逐步减小,因此,使用FEC电解质的电池,其循环寿命的中值电压衰减液也比其他电压值要好一些。

以上结果都表明FEC电解质形成的SEI膜对防止镍质溶解是有好处的。

同样还可以用TOF-SIMS来研究SEI膜中镍的分布。图1是镍及锂的分布,可以看到FEC电解质中镍的含量比较低,锂的含量比较高。而EC电解质中镍含量高,锂含量低,这就表明在EC电解质里锂已经被完全交换,而在FEC电解质里锂交换较少。

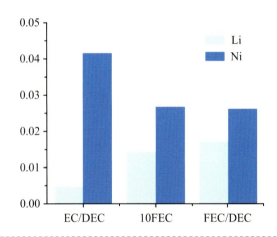

- Ni/Li离子交换反应使得SEI膜有机组分中的Li浓度降低,Ni浓度升高
- 主成分2代表有机组分,其中的Ni和Li离子片段loading值之比反映了离子交换程度:
  EC/DEC>10FEC>FEC/DEC

图1 石墨负极SEI膜中镍及锂的分布

锂枝晶检测技术

最后介绍一个小技术,用DSC(示差扫描量热仪)方法测量锂枝晶。

锂枝晶一直被认为是电池安全性的一个主要因素,如何测量锂枝晶一直是个问题,我们发明了一个方法:

石墨表面形成的锂枝晶的量跟热容之间存在关联,可以用这种方法测量"死锂"的量及SEI膜的量。在电池初期沉积时,锂的量是很少的。例如,在电极表面沉积锂容量为0.4 mA·h,这个量是不可逆的,一部分用于锂沉积,另一部分用于SEI膜的生长。锂沉积初期量是很少的,大部分用于SEI膜生长,当锂沉积容量多了之后,对应的锂金属产生的沉积量就会增加,SEI膜用的沉积容量减少了。

从锂枝晶的产生和生长过程来看,在锂枝晶生长的初期,主要是锂金属成核的过程。成核的过程中,每一个新产生的表面都会有一个新的SEI膜,所以这时候形成SEI膜的容量占比是比较高的,那么当锂枝晶长到后期时,锂表面的面积增加量就会减少,相应的SEI膜的增加量也减少,所以就会出现上述现象。

进一步研究整个循环过程中"死锂"的量,发现多次循环以后,尽管在锂沉积过程中,发生多次沉积剥离,有一部分锂会"死掉",但是实际上用于"死锂"的量是很低的,大部分还是用于SEI膜增长,因此在实际电池内阻增加时,绝大部分的锂用于SEI膜的形成过程。

用相同方法来做电池低温老化实验时也同样发现,低温老化后尽管可以看到少部分的锂,但整个衰减的容量再跟实际的锂容量去对比,仍然是锂的容量只占到很少的一部分,大部分的容量衰竭都是用于电解质分解产生SEI膜。

最后,简单总结一下:一是镍在高电位下会发生溶解,溶解后的镍与SEI膜中的锂发生离子交换,FEC电解质交换能力弱于EC电解质;二是使用TOF-SIMS可以构建三维有机物、无机物分布;最后DSC可以用于锂枝晶的测量。

张久俊
加拿大皇家科学院、加拿大工程院、加拿大工程研究院院士

国际电化学会会士，英国皇家化学会会士，国际先进材料联合会会士，国际电化学能源科学院创始人、主席兼总裁，中国内燃机学会常务理事兼燃料电池发动机分会主任委员，中国有色金属学会新能源材料副主任委员。

主要研究领域为电化学能源存储和转换，包括燃料电池、高能电池、$H_2O/CO_2/N_2$电解和超级电容器等；发表近600篇同行评审论文，论文他引超68000余次，H指数为107；编著28本专著，45部书章节，获16项美国及欧洲专利；2014~2022年连续9年入选"全球高被引科学家"，2020年入选"中国材料界最强100人榜单"，2021年入选由Elsevier旗下Mendeley data发布的"终身科学影响力排行榜（1960~2019年）"和"2020年度科学影响力排行榜"，并获上海市"白玉兰"奖、中国内燃机学会科学技术奖一等奖；现为 Electrochemical Energy Reviews 主编、Green Energy & Environment 副主编、CRC 丛书 Electrochemical Energy Storage and Conversion 主编，主持国家重点研发计划项目课题和国家自然科学基金重大和面上项目等。

高能锂离子电池及锂硫电池的发展

国轩高科第11届科技大会

 新能源电动车发展趋势

目前,世界各个发达国家都把发展新能源汽车列为国家战略,德国宣布到2030年,法国宣布到2040年,英国宣布将在2040年之前开始禁止销售传统柴油和汽油车,电动车取代燃油车是大势所趋。

 电化学能源技术

电池是电动车的核心部件,电化学被证实是最可靠和有效的能量存储和转换技术。电池的好与坏有5个主要标准:第一是能量密度,第二是功率密度,第三是循环寿命,第四是价格,第五是安全性。对锂离子电池来说,从安全和资源及价格方面考虑磷酸铁锂可能是产业化方面最好的主流技术路线。表1所示为电池能量密度、功率密度等指标,可以根据使用场景来选择你所需使用的电池。

表1 不同技术路线电池主要参数

电化学能量装置	能量密度 (W·h/kg)	功率密度 (W/kg)	寿命 (循环次数)	价格 (美元/(千瓦·时))
锂离子电池	100~250	250~340	400~1200	400~600
锂硫电池	350~600	~3000	<100	
铅酸电池	30~40	~180	500~800	100~200
镍氢电池	60~120	250~1000	500~1000	~500
氧化还原液流电池	10~20	~180	10000	~700(VRB)

续表

电化学能量装置	能量密度 （W·h/kg）	功率密度 （W/kg）	寿命 （循环次数）	价格 （美元/(千瓦·时)）
锂空气电池	1000～3000	<50	<100	
锌空气电池	400～1400	<100	<100	
燃料电池	100～1000	40～200	3000 h(动态)； 20000 h(静态)	～49
超级电容器/混合超级电容器	1～200	1000～10000	100000	1000～2000

锂离子电池发展趋势

锂离子电池应用领域主要有以下4个：第一个是应用在运载装备上，比如公共交通工具等；第二个是应用在能源储存上，比如分布式风力电站、家庭储能等；第三个是电子通信，例如消费类电池等；第四个是国防航天，应用于军事、航空等领域。应用在电动汽车上的电池主要是锂离子电池，未来可能发展为固态锂离子电池，它的主要优势是高能量密度和功率密度及可预测的安全性。另外，它有各种各样的尺寸，可以根据不同的使用条件来进行相应的设计。

目前液态锂离子电池尚存不足之处：第一是电池寿命还需要进一步提高；第二是有机电解液的内阻高及易燃性；第三是锂枝晶生长造成的安全性问题。针对以上问题，目前锂离子电池的主要研究方向是提高能量密度和功率密度，提高循环寿命，减少充电的时间，改进组装模式和提高安全性能。因此提出了可充电锂硫电池，它的能量密度比较高，可以达到600 W·h/kg，功率密度有望达到3000 W/kg。此外，它可以低温运行，且成本低。但是，锂硫电池的安全性和循环寿命还需要进一步提高。

锂离子电池的10大挑战：能量密度、功率密度、安全特性、循环寿命、日历寿命、自放电、快充性能、温度范围、资源环境、成本。目前只有日历寿命、循环寿命基本上可以满足如今的应用。能量密度是我们研究的关键指标，也是技术更新换代的标志。

未来锂离子电池的发展趋势是从液态锂离子电池发展到固态锂离子电池，但是我认为固态电池目前离产业化还有至少5年的时间。一个妥协的办法就是发展半固态电池，它已经非常接近产业化了。未来能够达到500 W·h/kg的能量密度可能有三种电池：第一个是锂硫电池；第二个是锂空电池；第三个是锂二氧化碳电池。

锂硫电池

锂硫电池在结构上和锂离子电池差不多,有正极、隔膜、电解质和负极。在锂硫电池目前存在的主要问题中,公认的问题之一就是它正极硫的导电性较差、充放电过程中体积膨胀比较大、穿梭效应比较明显,还有就是锂负极的安全性问题等。主要的改良策略是在硫正极、隔膜、电解质等几个方面。

(一)正极

我们发展了PGCNF/S正极,对Li_2S_n有良好的物理支撑和化学吸附。同时,它能有效地抑制穿梭效应。另一方面,我们发展了硫碳复合物,多硫化物被包裹在复合的颗粒内部,提高了库仑效率和循环寿命。我们也做了一些硫化钴包覆碳纳米管作为新型硫正极,无黏结剂的独立电极和分级形态可表现出有效消除副反应和材料崩解的优点,从而提供优异的循环稳定性。3D多孔rGO(还原氧化石墨烯)网络具有高电导率,促进了Li^+的快速扩散,同时提供了丰富的位点来容纳硫物质并缓解膨胀。我们还用水热法制备了三维多孔石墨烯气凝胶纳米硫(GA/S),使小尺寸纳米硫颗粒均匀分布于石墨烯表面,形成C—O—S共价键,抑制硫溶解穿梭。

(二)负极

锂硫电池负极的关键问题在于对锂负极的保护,因为锂负极非常活泼。我们在负极方面的主要成果如下:

1. 锂金属负极骨架设计

我们将石墨烯空心球用作三维锂负极骨架,其内部负载SnO_2纳米颗粒(锂化后形成$Li_{4.4}Sn$),首次采用非贵金属成功实现了锂在碳空心球的内部沉积。我们还利用原子层沉积(ALD)在碳纤维表面同轴包覆亲锂性ZnO纳米材料(较小的负载量:5.9%(质量百分数),为目前文献报道最低值),即可实现优异的亲锂性及均匀载锂。

2. 负极-无机保护层

在室温下锂金属与N_2接触原位形成Li_3N保护层,适合大规模改性锂金属,Li_3N的高离子电导率不会影响锂的沉积/溶解动力学,形成了致密的人工SEI膜(Solid Electrolyte Interphase),减少了锂金属表面的副反应,并阻止了多硫化物与锂金属的接触。此外,我们在锂金属表面溅射MoS_2,锂化后形成保护层,可抑制锂枝晶的生长,增强电解液与锂金属之间的Li^+传输。

3. 负极-聚合物保护

使DOL(二氧戊烷)在电池充放电过程中在锂金属表面电聚合,形成Poly-DOL(聚合态凝胶电解质)保护层,可有效抑制锂枝晶,防止锂金属进一步侵蚀。另外,通过MLD(Mixed Logical Dynamical)技术在锂金属表面涂覆一种铝醇盐聚合物SEI膜,也可以有效抑制锂枝晶生长。

(三)隔膜

我们在隔膜方面的主要成果如下:锂硫电池隔膜改性——石墨烯涂层。在隔膜负极面形成还原氧化石墨烯层,其高比表面积具有良好的吸附作用及丰富的含氧官能团可限制硫正极的溶解和穿梭。通过共价键将有机聚合物SL与rGO结合,所形成的rGO@SL复合材料具有丰富的负电荷,同时确保卓越的锂离子传输。锂硫电池隔膜改性——无机聚合物涂层,形成MoS_2复合隔膜,使其表面的锂离子浓度高,具有高的锂电导率,快速的锂扩散,易于锂的迁移。锂硫电池隔膜改性——催化剂涂层:在隔膜阴极面涂敷一层催化剂以催化转化可溶性多硫化物以减少穿梭效应,提高电池性能。

(四)电解液及添加剂

主要的锂硫电池电解液溶剂:DME/DOL(体积比为1:1)的混合溶剂,可在电解质的性质之间提供平衡,包括离子导电率、多硫化物的溶解度和迁移率,以及在锂负极的SEI保护。锂硫电池电解质添加剂包括含硫添加剂、金属盐添加剂、含磷添加剂和含氟、砜类添加剂等。

(五)锂硫电池产业化

英国Oxis Energy公司宣称,其研发的锂硫电池达到了锂离子电池能量密度的两倍以上,且可应用于高空伪卫星(HAPS)、电动垂直起降飞机和轻型固定翼飞机等产品。

美国Sion Power公司2017年发布的锂硫电池数据显示,可以达到300 W·h/kg的能量密度及400次的循环寿命。

韩国LG Energy Solution公司锂硫电池的能量密度为410 W·h/kg,正极用硫碳复合物,负极用锂金属,预计2025年后批量生产。

南京骊电新能源公司2021年发布的锂硫电池的能量密度为350 W·h/kg,电池循环寿命达到1000次。

上海大学锂硫电池关键材料的研究工作

(1) S正极材料设计与制备:提高硫负载、减少体积膨胀;

石墨烯气凝胶负载纳米S正极(>73%的硫负载);

双壳型S@聚苯胺/氧化石墨烯复合材料。

(2) Li_2S正极材料设计与制备:提高硫负载、缓解穿梭效应;

原位锂化石墨烯气凝胶负载Li_2S正极(>85%的硫负载);

核壳型$Li_2S@Li_3PS_4$/石墨烯材料。

(3) 隔膜的改性:有效缓解穿梭效应;

氧化石墨烯涂覆聚丙烯隔膜。

(4) 电解液添加剂的作用:提高电导率、负极SEI保护、减少锂枝晶。

电解液添加剂的种类:含硫添加剂、金属盐添加剂、含磷添加剂、含氟砜类添加剂。

肖成伟
中国电子科技集团公司第十八研究所研究员

高级工程师，国家新能源汽车重大专项动力电池责任专家。从事电动汽车动力电池及相关材料技术、动力电池仿真技术、动力电池相关标准等研究工作。

多次作为新能源相关领域课题负责人，承担了"十一五""863计划"节能与新能源汽车重大项目"小容量车用动力电池模块共性测试技术研究"课题的研究工作；承担了"十三五""863计划"电动汽车重大专项"动力蓄电池组性能检测测试研究"课题的研究工作；承担了天津市科委重大攻关项目"动力蓄电池测试评估技术研究"和"绿色高性能蓄电池测试评估技术研究"课题的研究工作等。作为中国汽车全标委电动汽车分标委副主任委员，参与了我国电动汽车动力电池有关标准的起草和修订工作。

动力电池技术现状及发展趋势

国轩高科第11届科技大会

当前,新能源汽车加速发展,各国抢抓科技前沿、加速推动电动化转型。2021年全球汽车销量较2020年增长5%,新能源汽车销量持续快速增长,IEA报告显示2021年新能源汽车销量达到660万辆(包含电动汽车EV和插电式混合动力汽车PHEV)。根据预测,2030年全球新能源汽车保有量将达到2.45亿辆。国内外车企正在加速转型,世界汽车强国,如美国、欧盟、德国、日本等,纷纷发布了新能源汽车相关的发展战略和目标。部分国家发布了常规燃油车禁售的时间点,国内外主要车企也发布了传统燃油车的停售时间和停售计划(表1)。

表1 传统燃油车的停售时间和停售计划

车企	传统燃油车停售时间	停售计划
长安	2025年	2025年将全面停售传统意义燃油车
北汽	2025年	2020年,在北京地区停售燃油车;2025年,全面停止销售燃油汽车
沃尔沃	2019年	2019年起停止生产销售传统内燃机车型; 2025年售出100万辆电动化汽车
戴姆勒	2022年	2022年停产停售旗下全部传统燃油车
丰田	2025年	2025年前停止生产传统纯燃油车
大众	2030年	2030年前将实现所有车型电动化,传统燃油车停止销售

在中国政府相关政策的大力推动下,尤其是在"3060""双碳"目标发布之后,中国新能源汽车实现了快速发展。从中国年销售量和目前累积销售量来看,均处于全球第一位。到目前为止,累计销量超过了1000万辆,全球占比超过50%。同时,国家发布了相关的汽车产业发展规划,尤其在《新能源汽车产业发展规划(2021~2035年)》中指出:到2025年,新能源汽车市场竞争力明显提高,新能源汽车新车销量占比达到

20%。实施电池技术突破行动,动力电池关键技术取得重大突破。纯电动乘用车新车平均电耗目标提升至 12 kW·h/100 km。

国家发布了节能新能源汽车 2.0 版技术路线图,从表2 中可以看出:对于新能源汽车,尤其是纯电动汽车,国家层面规划了宏伟的发展目标。即到 2025 年 20% 的销量中纯电动车将达到 90%,包括乘用车和商用车两大领域。对混合动力而言,希望能有较快的发展,从油耗的角度可以做比较好的技术支撑。电池联盟 2020 年预估今年(2022年)的新能源汽车销量将达到 580 万辆,但我个人还是持相对保守的观点或态度,个人认为 580 万辆可能是一个挑战,取决于整个市场的发展趋势。

表2 2020～2035 年中国新能源汽车市场目标

年份	2020年	2025年	2030年	2035年
新能源汽车保有量(万辆)	500	>3000	>7500	12000～14000
BEV 和 PHEV 当年销售占比(%)	~5%	15%～25%(90%)	40%～50%(93%)	50%～60%(95%)
BEV 和 PHEV 年销售(万辆)	~100	~500	~1500	~2000
混合动力当年销量占比(%)(乘用车领域,平均油耗)	8%(2019年,6.46 L/100 km,占比 0.92%(不含 48 V))	50%～60%(5.6 L/100 km)	75%～85%(4.8 L/100 km)	100%(4 L/100 km)

在新能源汽车方面,我们的年销量和保有量现在都处于世界第一位,我们的电池无论从技术还是从产业角度都提供了强力的支撑。目前在中国已经形成了完善的动力电池产业链,以及产业工人队伍。包括动力电池及关键材料、系统集成、生产装备、回收利用、标准体系及测试评价等都建立了良好的发展基础。同时也主要形成了四个比较大的电池研发和生产聚集区,分别是珠三角地区、长三角地区、京津地区、中原地区,电池企业数量和配套出货量逐年增加,产生了聚集效应。

2020 年,中国电池企业的产能规模在全球占比 76%,处于主导地位。到 2025 年,中国电池企业的产能规模仍将超过 70%。中国动力电池产业在世界范围内将处于非常重要的位置。从另外一个角度来看,我们需要进一步提升产能制造水平、产线自动化水平,提升优质电池产品的产能规模。

动力电池技术发展现状

从图1中可以看到,中国新能源汽车有四个国家层面的规划涉及了动力电池,尤其现在已经启动了"十四五"新能源汽车重点研发专项相关的一些研究方向和相应的技术指标。从全球范围来看,中国目前处于领导地位。从整体布局来看,分成三个层次:一是产业化,我们希望能够把300 W·h/kg的锂离子电池实现比较好的产业应用;二是加大新一代锂离子电池的研发工作,将新型锂离子电池能量密度提升到400 W·h/kg;三是开展新体系电池的基础研究,新体系电池能量密度提升到500 W·h/kg。

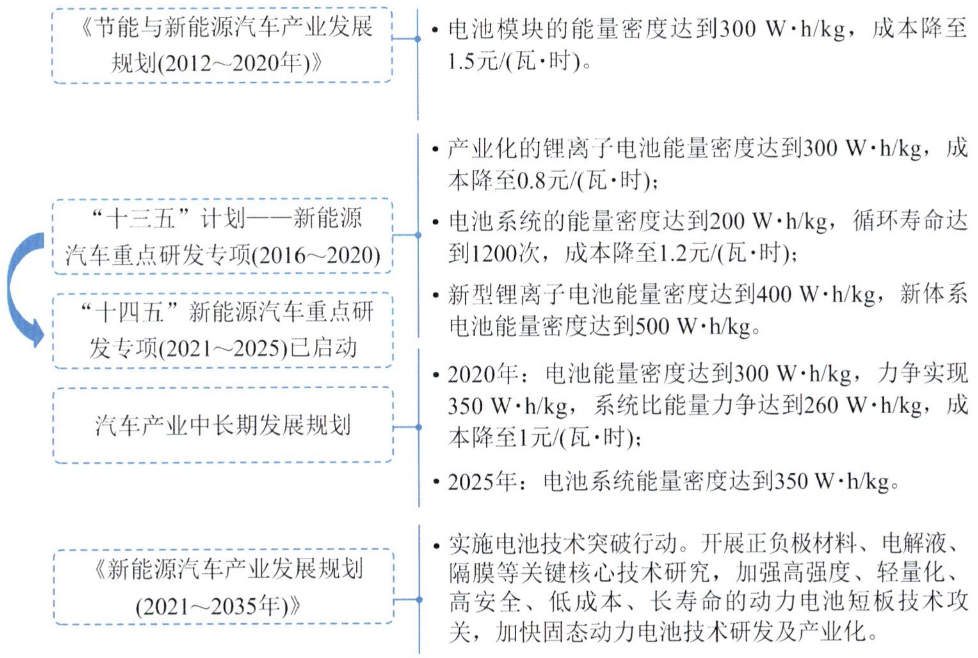

规划	主要内容
《节能与新能源汽车产业发展规划(2012~2020年)》	• 电池模块的能量密度达到300 W·h/kg,成本降至1.5元/(瓦·时)。
"十三五"计划——新能源汽车重点研发专项(2016~2020) "十四五"新能源汽车重点研发专项(2021~2025)已启动	• 产业化的锂离子电池能量密度达到300 W·h/kg,成本降至0.8元/(瓦·时); • 电池系统的能量密度达到200 W·h/kg,循环寿命达到1200次,成本降至1.2元/(瓦·时); • 新型锂离子电池能量密度达到400 W·h/kg,新体系电池能量密度达到500 W·h/kg。
汽车产业中长期发展规划	• 2020年:电池能量密度达到300 W·h/kg,力争实现350 W·h/kg,系统比能量力争达到260 W·h/kg,成本降至1元/(瓦·时); • 2025年:电池系统能量密度达到350 W·h/kg。
《新能源汽车产业发展规划(2021~2035年)》	• 实施电池技术突破行动。开展正负极材料、电解液、隔膜等关键核心技术研究,加强高强度、轻量化、高安全、低成本、长寿命的动力电池短板技术攻关,加快固态动力电池技术研究及产业化。

图1 中国新能源汽车国家规划/研发计划涉及的动力电池内容

在2021年,无论是乘用车市场还是商用车市场,磷酸铁锂的市场占比已经超过50%,从这个角度来看,磷酸铁锂还处于比较好的发展态势,或者处于回潮态势。当然还需要进一步提升磷酸铁锂电池的相关性能和技术水平。国轩新产品发布会展示了JTM结构的磷酸铁锂电池技术方案,实现能量密度为210 W·h/kg的磷酸铁锂电池。

从表3我们可以看到,磷酸铁锂电池已经在乘用车领域实现了规模化应用,其中大容量主要针对商用车领域,中等容量主要针对乘用车领域,能量密度基本上达到160 W·h/kg。三元电池主要针对乘用车市场,包括圆柱形的、方形的和软包的,材料体系包括中镍和高镍,能量密度基本上做到了210～280 W·h/kg的水平。根据不同的客户需求,可以匹配不同能量密度的三元材料电池。以上是实现了产业化和批量配套的产品水平。

表3　高比能型锂离子动力电池快速发展(磷酸铁锂)

公司	A	B	C	D	E
容量(A·h)	340/138	302	280	272/302	105
电压(V)	3.2	3.2	3.2	3.2	3.2
能量密度(W·h/kg)	165/166	178	172	165/180	167

科技部在"十三五"期间支持的动力电池项目进展情况:高比能动力电池技术取得了重大进展,宁德时代、天津力神、国轩高科和中航锂电等企业采用高镍三元正极和SiO/C负极,采用软包装形式,分别设计制备出能量密度达到305.8 W·h/kg、302.1 W·h/kg、300.4 W·h/kg和300 W·h/kg的锂离子动力电池,为实现300 W·h/kg动力电池产业化技术指标和市场应用奠定了坚实基础。比亚迪、孚能、盟固利、捷威、亿纬能、冠宇和万向等企业亦开展了300 W·h/kg动力电池的研发工作。

同时,我们也把300 W·h/kg动力电池应用到了电池系统开发中,进行标准化模组的开发,在电池的安全性角度也做了相关深入研究,包括机械、电、热等方面。另外,从安全防护的角度,也做了较深入的研究工作,突破了主、被动一体化的热安全防护技术,开发了热失控早期火灾探测预警装置及抑制、灭火装置。

同时在300 W·h/kg电池研究成果的基础上进行了应用拓展,负极采用石墨材料体系与高镍的正极三元材料匹配,目前开发的方形电池可以达到270 W·h/kg、开发的软包电池可以达到290 W·h/kg。部分企业开发的270 W·h/kg方形电池产品已经实现了配套和应用。

在高功率、长寿命电池的研发进展显著,开发出了新一代高比功率、长寿、命快充电池单体,以及新型高比能超级电容器产品。快充类电池的能量密度达到144 W·h/kg,快充倍率可以达到6 C,循环寿命可以达到12000次并能达到80%容量保持率。新型插电式混合动力汽车(PHEV)的电池能量密度可以达到200 W·h/kg,功率密度可达到

2000 W/kg水平,高比能量超级电容器能量密度可以达到66 W·h/kg,最大比功率可以达到22 kW/kg,循环寿命可以达到10万次。

在高比能固态锂电池技术方面,从复合电解质膜、正负极材料、固态电池单体及电池失效分析开展技术攻关,开发的37 A·h固态电池单体,能量密度达300 W·h/kg,500次循环后容量保持率达97.8%。

在能量密度大于400 W·h/kg的锂离子电池研究方面,研发的O2结构新型高容量富锂正极材料,在2~4.8 V、10 mA/g的电流密度下能提供400 mA·h/g的比容量和近100%的首次库仑效率,是目前报道的最高能量密度。研发的Mxene-Si@SiO$_x$-C高容量负极材料,材料体积膨胀率仅为12%,0.2 C倍率下首次可逆容量为1674 mA·h/g,循环200次后容量保持率为92.4%;10 C大倍率下,可实现1000次循环,为下一代高比能电池的研发奠定了基础。

利用低表面能金属在材料表面自发偏析特点,使表面过渡金属原子发生重构,调制材料表面氧势能面,提高材料表面热力学稳定性,实现富锂材料表面氧可逆参与氧化还原反应,同时抑制表面过渡金属原子的内迁移。制备的材料振实密度高达2.1 g/cm^3,在0.1 C、2.0~4.8 V下,比容量可达280 mA·h/g;在1 C、2.0~4.8 V下,100次循环比容量可达230 mA·h/g,没有出现电压衰退。

在新体系电池这一方面,主要从锂硫电池和锂空电池两个方向开展了基础性研究工作。在实验室中,锂空电池的能量密度可达到628 W·h/kg,锂硫电池可以达到507 W·h/kg,但需要在循环寿命等方面做深入验证和进一步提升。

在测试评价技术方面,从材料、电池管理系统和电池系统方面开展了深入的研究工作,提升了对整个电池系统分析和测试评价的能力,尤其是在热扩散领域,相关的研究成果处于全球领先地位。当前的研究成果已经体现在全球电动汽车安全技术法规的内容中,同时也体现在动力电池安全强制性国家标准(简称国标)中,被汽车公告测试引用。现在规定的热扩散时间是5 min,我们希望通过进一步的电池单体和系统安全技术的提升,延长热扩散时间,提高安全性。相应的标准制、修订工作正在探讨中(图2)。

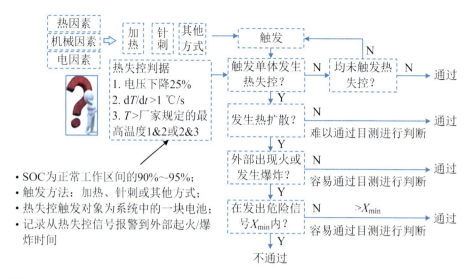

图2 动力电池及系统分析和测试技术研究进展

动力电池技术发展趋势

电池技术要发展,需要在材料方面做好技术支撑。负极材料要从石墨的材料逐步提升到硅或硅氧材料,最终实现金属锂的应用(图3)。在石墨类材料中,快充及高比能低膨胀石墨材料已经实现了规模化的应用。而在硅和硅氧材料领域里,希望能够在首效和循环方面做进一步提升。无定形碳(包括硬碳和软碳)主要应用于快允领域,同时硬碳在钠离子电池领域也会有比较好的应用。

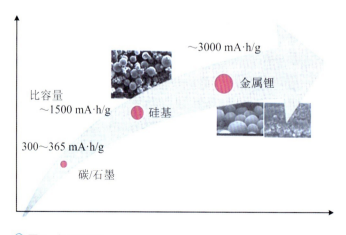

图3 负极材料

三元材料的发展趋势是低钴化和单晶化。高镍材料相关的技术指标包括多晶、单晶结构。提高电压和镍含量是提高材料容量的主要途径。无论是中镍或高镍材料,都希望把电压继续往上提升。

镍锰两元材料可以归到无钴材料体系中,包括中镍和高镍等体系,无钴中镍单晶三元材料的比容量、循环寿命、热稳定性相对稳定。

镍锰酸锂材料在宏观形貌控制表面改性方面取得了较好进展。从半电池和全电池的常温和高温的循环测试结果来看,材料性能较为稳定,研制的软包电池在循环3000次后,容量保持率超过80%。

磷酸铁锂电池,通过材料体系的优化和新型材料的应用,仍有提升的空间。在"十四五"期间,能量密度提高到了240 W·h/kg的水平,除了磷酸铁锂,磷酸锰铁锂会成为重要的发展方向。相对于磷酸铁锂,磷酸锰铁锂的电压能够提高0.7 V左右,目前是跟三元材料混配使用,可以提高三元材料电池的安全性和热稳定性。

在富锂锰基材料方面,现在量产可以达到280 mA·h/g的比容量。其对高比能电池的技术产品开发做到较好的技术支撑,与硅碳匹配可以达到400 W·h/kg的水平(图4)。同时此类材料在低电压范围内有比较好的循环性能,可以与三元材料混配使用,从而提升三元材料的比容量。富锂材料应用目前还存在如下问题:(1)较低的离子电导率,限制了倍率性能;(2)首次充放电的不可逆容量高,导致较低的库仑效率;(3)循环过程中的相转变(层状结构转变为尖晶石结构),导致容量和电压衰减;(4)高温、高荷电状态下的胀气和析氧等,需要进一步开展深入的研究工作。

化学式:xLi$_2$MnO$_3$·(1−x)LiMO$_2$或Li$_{1+x}$M$_{1-x}$O$_2$ (M=Ni, Co, Mn)
晶体结构:在纳米尺度上形成两种层状结构或固溶体(超晶格结构)
电化学反应机制:过渡金属氧化还原+阴离子氧化还原(氧活性)
放电比容量:>250 mA·h/g,可达400 mA·h/g,工作电压最高可达4.8 V,与硅碳匹配可使电池能量密度达到400 W·h/kg。

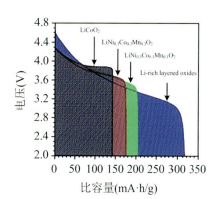

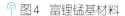
图4 富锂锰基材料

在隔膜材料方面,通过在基膜表面做改性处理,提高隔膜的保液率和热安全性。在固态电解质方面,如聚合物、氧化物、硫化物等,可以复合使用(图5)。

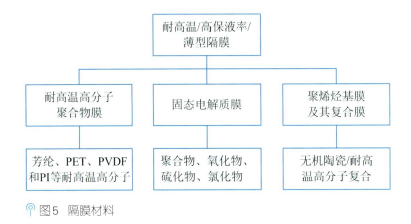

图5　隔膜材料

在电池结构方面,如刀片电池、CTP(Cell to Pack)、CTC(Cell to Chassis)和大模组技术等,实际上都是在提升电池内部的空间利用率和电池包内部的空间利用率,包括目前比亚迪推出的CTB技术,也是把电池和底盘做进一步结合,来提高空间利用率,从而提高电池系统的能量密度。

在先进及颠覆性电池技术方面,无论是液态锂电池还是固态锂电池,都需要进一步提升其能量和安全性。目前固液混合的高比能锂离子电池是研发和产业化热点。在正极表面包覆固态电解质,提升了材料的热稳定性和安全性;在负极方面通过预锂化实现了负极的高首效、低膨胀和长寿命;在隔膜方面通过无机陶瓷表面涂敷,实现高温下的低热收缩率;在安全性方面,通过原位固化技术提升电池的安全性能。目前开发的能量密度为360 W·h/kg的电池,展现出较好的循环性能和安全性。国轩高科也推出了能量密度为360 W·h/kg的固液混合的电池产品,体现了较好的性能。

在全气候高比能快充电池方面,电池单体能量密度可达到270 W·h/kg,可实现4~6 C的快充性能,同时在高温和低温的应用场景下实现快充性能,可满足纯电动车全气候条件下实现长续航里程和快充的性能。

钠离子电池,从资源和成本的角度来看,是非常好的发展方向,同时,钠离子电池的安全性也比较好,可以实现大倍率的快充(表4)。从材料体系来看,正极材料主要包括层状氧化物类、普鲁士蓝类、盐磷酸盐类,其中层状氧化物与硬碳匹配,能量密度目前高的可以达到160 W·h/kg,低的也可达到140 W·h/kg的水平。如将其应用在汽车里,还需要进一步提升能量密度,至少要达到 200 W·h/kg 的水平。当前的一些技术指标,可以满足电动工具启停电源等低成本、高功率以及长寿命储能等场景。

表4 钠离子电池

	公司/机构	钠离子电池产品及技术路线	核心指标
层状氧化物类	中科院物理所中科海钠	正极材料:Cu基层状氧化物 负极材料:煤基碳材料	145 W·h/kg; 3 C/3 C,100% DOD 循环保持超过2000次; 循环1000次容量保持率91%
	钠创新能源	正极材料:Ni基层状氧化物 负极材料:硬碳	120 kW·h/kg; 1000次循环保持率92%; -40 ℃放电容量保持率>52%
	英国FARADION公司	正极材料:Ni基层状氧化物 负极材料:硬碳	120 W·h/kg; 80% DOD 循环寿命超过1000次
	天津中电新能源研究院	正极材料:层状氧化物 负极材料:硬碳	135 W·h/kg; 100%DOD 循环3500次保持率为82%; -20 ℃放电容量保持率>92%; -40 ℃放电保持率>75%; -50 ℃放电保持率>70%; -20 ℃充电容量保持率>85%
普鲁士蓝类	宁德时代	正极材料:普鲁士白 负极材料:硬碳	160 W·h/kg; 常温充电15 min,电量可达80%; -20 ℃放电保持率90%
	星空钠电	正极材料:普鲁士白 负极材料:硬碳	
	美国Natron Energy公司	钠离子电池-对称水系电池 正极材料:高倍率普鲁士蓝	50 W·h/L; 2 C 循环10000次
	瑞典ALTRIS公司	正极材料:普鲁士白 负极材料:硬碳	
磷酸盐类	法国NAIADES计划团体	正极材料:氟磷酸钒钠 负极材料:硬碳	90 W·h/kg; 1 C 倍率循环4000次容量保持80%

现在关注度高的固态电池,是应用了金属锂的全固态二次电池。要实现金属锂的低膨胀和长循环,要做很多基础性工作。正极材料方面,前面提到的富锂锰基

会有比较好的应用,而在固态电解质方面,我们选用硫化物固态电解质,上述材料体系的全固态电池能量密度预计可到达600 W·h/kg。全固态锂金属二次电池主要以基础研究实验、台架实验、小规模验证为主,要实现批量生产和规模化应用需假以时日(图6)。

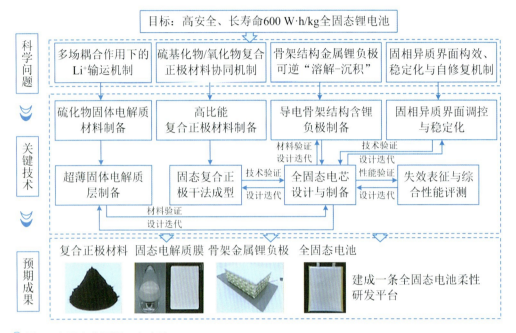

图6　全固态金属锂二次电池

液态锂离子电池仍有巨大的发展空间,能量密度可达到500 W·h/kg的水平,美国安普瑞斯提出的技术路线即负极采用硅纳米线材料,正极采用超高镍材料,研发500 W·h/kg的液态锂离子电池,相应的研究内容在"十四五"新能源汽车的重点研发专项中有体现。

在智能电池方面,把传感器内置到电池内部,采集电池内部的信息,对电池电性能、电化学参数变化、安全性、循环寿命等进行研究和预测。通过内置传感器对电池结构进行调整,对电池性能的发挥提供重要支撑,对电池使用过程中的安全性预测提供技术支撑。总体而言,高比能、高安全和长寿命等是动力电池优先发展方向,需着重从基础研究和共性关键技术层面开展技术攻关。

近期需解决的技术问题包括:单体电池方面,从低钴向无钴,负极加硅+预锂化,涂敷改性隔膜和混合电解质,正负极干法制备工艺和快充性能等的研究工作;电池系统方面,开展智能化管理技术研究,优化热管理系统,解决全气候使用问题,热失控及热扩散防控技术、全生命周期安全技术和大数据安全预警技术研究,提升电池系统的安全性,电池系统新结构技术研究,提升能量密度。

中长期发展的趋势是发展低成本"双高"(高安全和高比能)电池,加强新体系正负极材料、固态电解质材料,特别是界面特性的基础研究,通过原始创新占据技术发展的制高点。

王 芳
中汽中心资深首席专家,总工程师

主持或参与国家或省部级项目10余项,作为首席科学家主持完成"十二五""863"项目"储能用锂电池和燃料电池系统安全性设计及性能测试技术"以及"十三五"重点研发计划"动力电池测试与评价技术",并成功申报"十四五"重点研发计划"车载储能系统安全评估技术与装备"。牵头起草1项国际标准(ISO18234)和20余项国家、行业及地方标准,其中多项已成为企业和产品准入强检标准;作为中方技术专家,全程参与了WP29 EVS-GTR全球电动汽车安全法规一阶段的起草,并牵头组织了热扩散测试方法和评价技术的研究。现作为中方技术组组长和中方专家一起深度参与EVS-GTR第二阶段工作。发表论文70余篇,申请专利60余项,出版专著3部,获行业高度认可。2019年获国家科学技术进步奖二等奖(排名第三),并获包括中国汽车工业技术发明奖一等奖在内的省部级奖10项,个人先后获"天津市先进科技工作者""天津市中青年科技创新领军人才""国务院特殊津贴专家""天津市突出贡献专家"等称号,作为团队负责人获"中国机械工业联合会'十二五'机械工业优秀创新团队"称号和"天津市2019年创新人才推进计划重点领域创新团队"称号。

从测试看电池系统安全技术

国轩高科第11届科技大会

新能源汽车产业近些年发展快速,截至目前,我国新能源汽车保有量已超1000万辆。随着产业快速发展,大家关注的内容和焦点越来越多,其中包括新能源汽车的安全问题。当前新能源汽车仍有一些事故发生,或由于机械、充电问题,或由于车身浸水等因素。此外,近两年大家也更多关注到了外部无直接破损而无征兆自燃的事故。本次跟大家交流的主要内容,即电动汽车全生命周期内的安全状况。

2022年上半年,随着多种技术快速发展,各部委陆续出台一系列管理政策,包括针对智能化和网联化快速发展的"安全沙盒监管",新能源汽车的安全体系建设以及软件在线升级的备案等方面的政策。无论是哪一项政策,其主要目的都是在复杂的场景及多变的工况下,保障新能源汽车或者智能电动汽车在全生命周期过程中均可实现安全运行。

近几年随着产业快速发展,测试方面也形成了相对完备的全生命周期内分层分级的测评体系。业界对于整车安全更关注电池系统最终的安全表现,包括方才提到的机械安全、充电安全,以及热失控扩散安全。要结合单体本征安全特性和电池管理系统功能安全才能够在系统上实现上述安全。

从测试的角度来看,电池的本质安全和材料界面的特性和稳定性之间存在千丝万缕的联系。在"十三五"时期,团队承担的国家项目里有一项重点研究是关于材料和电池之间的复杂构效关系。在电池的使用过程中,发现外部的安全特性实际会跟内部材料的变化和界面的劣化相关联,而且累积到一定程度后就会触发。

团队系统分析了界面劣化,可见其包含电极表面破损、SEI膜劣化以及锂枝晶的生长等情况,经进一步分类,可总结为固-固界面、固-液界面以及气-固/液界面劣化的问题(图1)。

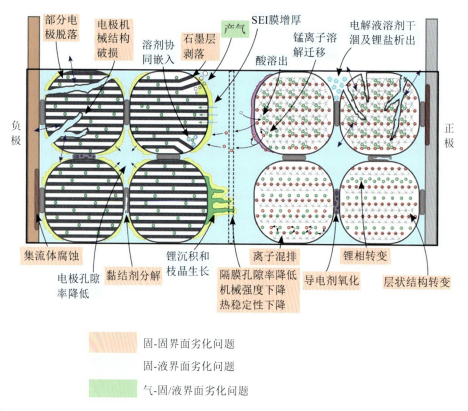

图1 动力电池安全与界面劣化

团队关心电池的热稳定性,目标是找到在全生命周期使用过程中热安全性的表现特征,主要是找到正负极界面以及材料本身的变化和劣化过程中发生的变化累积跟外部表现的对应关系。我们在过程中采用了一些先进的原位测试技术,通过系列原位手段的联用,搭建一个原位、无损的测试平台,能够同时实现多个参数表征,可以更清晰地看到材料的各种特性微变化,以及在宏观层面电池安全性的定性表现和内部的定量变化之间的关系(图2)。

团队自2018年始深度参与了事故调研和场景复现分析,系统分析后发现事故的原因可能是材料老化、快充或者低温充电以及高温滥用等,继而发生了一系列的失效问题和安全性隐患。基于事故调研分析和安全技术的具体测试分析,可以发现电池的安全技术涉及从材料到电芯设计、制造、系统集成和实际使用的全产业链,是一个复杂的系统工程,需要全层级的共同努力。

电池系统热扩散测试评价是指电芯在长期的使用过程中,损伤累积到一定程度后,单个电池可能会发生猝死性失控。伴随失控必然会表现出温度快速增加和电压下降的特征。这种情况下,安全的目标便是要在Pack层面乃至整车层面保障安全,最好不发生热失控的扩散,一旦发生热扩散,也要让人员能够提前安全逃离,保证人员安全是最基本的原则。这点已经纳入国际法规和国家强制性标准(GB 38031)。国家标准于2020年5月份发布,截至目前已经实施了两周年,跨越了三个自然年,团队将这三个自然年里的实验室测试结果进行了不完全统计,样本量大概是一百多,可从图3看到这三年的变化。

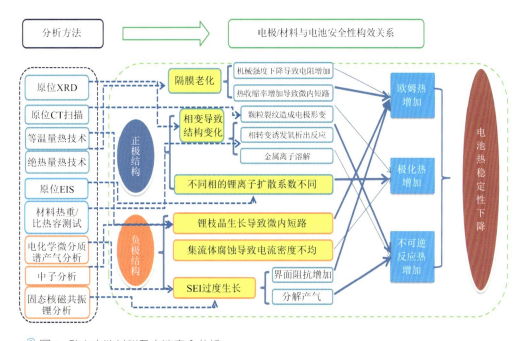

图2 动力电池材料及电池安全分析

图3中绿色线条为2022年结果,蓝色线条是2020年结果,在标准实施初期,行业致力于能够达到5 min不起火、不爆炸的效果。近几年,行业都在努力研究电动汽车电池系统,希望能够达到即使一个电芯热失控,也能够实现整个电池系统无热扩散的效果。从测试样本量来看,近两年大于60 min的电池样本占比已经超过了50%,从中可以看到对行业产品技术水平的推进效果。

从近几年的电池技术演变图来看,技术焦点分成以下两个方面:一方面是致力于提升能量密度,包括不断提升车内空间利用率;另一方面是在满足上述性能的同时不断提升安全性。今天讨论的主题是安全,无论是复现事故调查产品,还是测试新产品,可以看到安全技术的提升涉及从材料到整个使用的全过程,应当从全层级来考虑,全方位提升热失控阻断技术。

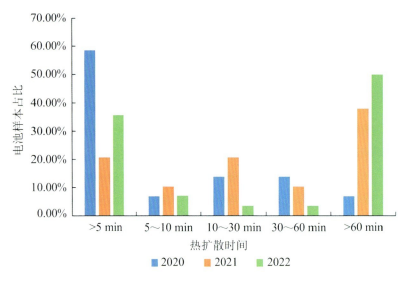

图3 电池系统热扩散结果统计

首先,从材料到电极再到电芯的安全性方面,行业内采取的办法是从低产热的正极材料,包括使用各种阻燃电解液、高导热集流体等,到电极和电芯结构的设计,整体提高电芯本身的热稳定性。其次,在系统层级上,通过应用耐热和隔热的材料以及热导流技术、泄压排气技术,以及优化热管理系统等技术手段,在电芯本征安全基础上不断提高热保护技术。

最后,在整车使用环节方面,该环节是非常重要的一环,需要不断提升安全风险监控识别和预警能力,保障在整车运行中的电池安全。下面展开分享五个方面:

一是材料体系的安全技术。从更稳定的电解液到更高强度的集流体和隔膜、阴极优化的安全阀设计,全行业都在努力尝试,不断提升电池本征的安全性。例如,低产热的正极材料是业内不断追求的目标。近几年,业内对于高电压材料投入了相当多的关注,在保持其能量密度优势下,不断挖掘特种材料的热稳定性优势,同时持续攻克产业化制造中存在的一些问题。

二是动力电池单体安全技术。液态电池单体设计在设计工艺和制造中,有许多环节可以提升安全性。例如,耐高强度的机械强度设计;在制造过程中的电解液均匀性优化和稳定温度均匀性优化;在工艺控制过程中尽可能地排除异物,降低使用过程中微短路损伤的累积,这点对于控制热扩散源头非常重要。无论是"无极耳""全极耳"的设计,还是宽幅电极和超薄铝壳等技术和结构的使用,都是在想方设法从结构和工艺的角度来提升电芯安全特性。

三是动力电池热管理技术。热管理系统的标准体系和评价体系主要分为以下几个部分：其一是通用要求；其二是液冷系统；其三是风冷系统；其四是电加热器；其五是直冷系统。通用要求中对加热、冷却和平衡性能等做出基本要求。液冷系统里对特有的液冷系统的可靠性和安全性有专门的要求。这两个标准正在起草中，相应的测试和评价技术均在开展中。其余的三个标准制定工作也会陆续启动。

要想制造设计一个好的热管理系统，需要先深入了解电池的热特性、热边界，同时也要清晰把握其热失控的边界；以及电池成组过程中，从一个电芯到另外一个电芯的热量传递途径和模式，明确了这些数据，才有可能设计出合适的电池管理系统。

目前国内基本上采用的热管理系统，按照原理不同可分为风冷、液冷和直冷系统，每个系统各有其优缺点。了解电池本身电芯的热特性和它在成组过程中的热传递规模、途径和模式，通过这一角度可以寻找相对最适合的热管理系统设计方案，有力保障后期使用过程中能够更好地管理。

四是热扩散阻断的技术。近几年业界努力在整个Pack集成的过程中，不断尝试如何能够更好地做到对热扩散的阻断，如何能在热失控过程中做到尽早预警，或采取一定的措施进行阻断。团队测试时发现在电池充放电过程中，随着热量增加，出现热特性异常特征参数时，会伴随出现膨胀力的变化和异常特征参数，所以有企业尝试使用力的传感，更快、更早地捕捉异常特征和参数。损伤累积预警方面，在电池全生命周期中，因异物掺入或使用不当而造成的微损坏会不断积累，虽然积累速度非常慢，但是此种积累问题不容忽视，可以采取精准针刺的方式，通过不同针刺的深度以及产生内部损伤的累积过程，发现部分重要特征参数。此外，借助仿真技术，更好地进行隔热材料以及热流风道设计，不断提升安全性。今年业内对此投入了更多的关注。

五是基于大数据和人工智能技术的安全监控技术。在使用端，基于车-端-云信息的高效传输和采集，实现对整车运行数据的用户使用行为和电池运行工况的有效分析。同时基于机理数据的融合，结合离群点检测和异常的特征识别技术，实现安全风险参数的高精度采集、识别、评估和监管。行业内当前都在不断地提升精度，尽可能提高使用端对安全的高效监测和预警，这是非常重要的一个环节，未来几年依然会是一个行业的热点问题。

综上所述，电池的安全问题应当以满足整车全生命周期的使用安全为目标，从材料、电芯和系统以及使用端多层级全产业链联合攻关，重点关注使用过程中微小损伤累积所导致的失控安全性，重点提升全生命周期内产品多层级的安全技术，以及对应的测试评价技术。

能源存储——新能源革命必由之径

第三次能源革命以储能产业发展为基础,只有搬动能源使用的"时空",才能满足人类社会对能源的需求,为储能产业创造出无限生机。随着电池技术的发展和清洁能源的普及,储能将成为电力系统中极具吸引力的灵活资源。储能技术的不断进步,将越来越多地与可再生能源配套,支撑第三次能源革命的未来。

070 / 保障电化学储能安全,助力"双碳"目标实现

　　　孙金华　欧盟科学院院士

078 / 石墨烯超级电容器及其工业应用

　　　唐　捷　日本工程院院士

084 / 构建以储能为核心的多能互补新能源体系

　　　曾少军　全国工商联新能源商会秘书长

092 / 全球储能发展回顾与展望

　　　俞振华　中关村储能产业技术联盟常务副理事长

孙金华
欧盟科学院院士、中国科学技术大学教授

国家"973计划"项目首席科学家，中国科学院特聘研究员核心骨干，亚澳火灾科学技术学会终身成就奖获得者，现任中国科学技术大学学术分委员会主任，能源火灾安全研究所所长。先后兼任国际火灾科学学会（IAFSS）理事、亚澳火灾科学技术学会（AOAFST）副主席，国家科技奖励评审委员会委员，国家安全生产专家委员会专家，首届国家安全生产应急专家组专家，中国化工学会化工安全专委会副主任等职。并先后担任 Fire Safety Journal，Fire Science Reviews 等5个国际期刊，以及《中国科学技术大学学报》《燃烧科学与技术》等8个国内学术期刊的副主编或编委。

主要从事锂离子电池、氢能、天然气等能源开发利用中的火灾安全，建筑及工业火灾动力学及防控技术方法，危险化学品火灾爆炸事故致灾机理及预测预警，火灾风险评估方法及火灾风险与保险等方面的研究。主持国家"973计划"项目、国家自然科学基金重点项目、国家重点研发计划项目、欧盟国际科技合作项目等重要项目20余项。在PECS、CnF、PCI等能源、燃烧、安全等领域国际期刊发表SCI论文360余篇，被 Science、Nature Energy 等刊物SCI他引11500余次，在国际火灾科学大会等做特邀报告30余次，出版专著、教材11部。获国家科技进步奖一等奖和二等奖，以及安徽省青年科技奖、安徽省自然科学奖、中国公路学会科学技术奖一等奖，中国消防协会科技创新奖一等奖等省部及国家级行业学会科技奖12次。并先后获得中国科学院朱李月华优秀教师奖、安徽省先进工作者、安徽省师德先进个人等省部级教学奖和荣誉表彰7次。

保障电化学储能安全，助力"双碳"目标实现

国轩高科第11届科技大会

"双碳"目标下的新能源革命和电化学储能

（一）新能源革命是实现"双碳"目标的关键途径

2020年，习近平总书记在第七十五届联合国大会上郑重地提出"双碳"目标，在这之后，总书记又在不同场合多次提到"双碳"目标。围绕"双碳"目标，党中央、国务院出台了一系列的政策和指导性的意见，助力和推动"双碳"目标的实现。依照目前我国的能源消费结构，要实现"双碳"目标几乎不可能，所以必须要对当今的能源体系进行改革。回顾一下人类的能源发展史，人类已经经历了两次能源革命。第一次能源革命是由薪柴向煤炭的转变，煤炭作为能源主体，有力地推动了工业的发展，人类发明了蒸汽机，交通工具主要是火车。第二次能源革命是由煤炭向油、气的转变，以石油和天然气作为主要能源，内燃机的发明使得交通变得更加便捷，飞机、汽车成为重要的交通工具。对我们国家来讲，第二次能源革命可能还没完全实现，因为我们国家现在的能源结构依然以煤炭为主，煤炭大概占了60%。为了实现"双碳"目标，我国必须进行跨越式发展，进入第三次能源革命。第三次能源革命是由油、气向可再生新能源转变，将以太阳能、风能等可再生能源为主体，以锂离子电池、氢能等作为新能源的存储载体，交通工具将实现电动化、电气化。

（二）新能源革命的五大体现形式

其一，能源将以可再生绿色能源为主体，主要有太阳能、风能、水电能等。其二，发电将以可再生能源的大规模发电与分布式发电并举，譬如在西北地区，我们可以看到很多大规模风力发电站和光伏电站。江浙一带没有大规模发电的地理条件，未来

分布式发电可能会成为主要形式。其三,储能将会以电化学储能、氢气储能、抽水蓄能等作为新能源的储存载体。其四,动力交通系统将以新能源汽车、机车等为主。其五,未来能源网络将会以智能互联网为主体系统。

(三)以新能源为主体的问题与解决途径

光伏和风能等可再生新能源最大的问题是波动性和随机性。比如风能,有风的时候,可进行风力发电,没风的时候就无法发电。再如光伏,白天太阳好的时候发电充足,夜晚和阴雨天就无法发电。波动性和随机性的解决途径就是要大力发展储能产业。储能技术是践行和落实新能源革命的关键环节,它可以解决风能和太阳能等可再生能源大规模接入、多能互补耦合利用、终端用能电气化、智慧能源网络建设等重大战略问题。目前储能主要还是以抽水蓄能为主,但是电化学储能由于效率高、响应快、机动等优点,发展态势非常好,未来可能会形成以电化学储能、氢气储能和抽水蓄能等并举的模式。

电化学储能行业的安全形势及痛点问题

大家知道,在2018年之前,韩国电化学储能全球领先。但从2017年8月到2019年5月,韩国1000多座电化学储能电站(下称储能电站)共发生23起大的火灾,每座储能电站的年均火灾发生率高达1.5%,致使韩国储能产业受到了极大打击,并从此"一蹶不振"。美国也发生了一系列储能电站火灾事件,例如,2022年2月,加州储能规模为300 MW/1200 MW·h的储能电站项目再次发生火灾事故(2021年9月就发生过事故)。今年(2022年)4月份,亚利桑那州总容量为10 MW/40 MW·h的储能电站发生火灾,持续闷烧5天无法灭火等。事实上,我们国家的储能电站也发生了多起火灾事故。

由于早期韩国、美国等的储能电站大多使用三元锂电池,特别是韩国三元锂电池的份额大概占到85%,所以到目前为止的储能电站火灾统计结果表明,三元锂电池的储能电站火灾最多。火灾事故发生的时段主要是在调试阶段、充电中或充电后休止中,此时电池电压高、活性大、串、并联电池簇间形成环流,易造成火灾事故。储能电站除火灾事故外,因为在锂离子电池热失控过程中,会产生大量的氢气、一氧化碳、甲烷等易燃易爆气体,所以还可能会引发气体爆炸事故。我国的储能电站主要是用相对较安全的磷酸铁锂电池,但近年仍发生了多起火灾事故。

储能电站的火灾事故已经成为电化学储能行业发展的痛点,给行业的快速发展亮起了黄灯。

电化学储能电站的安全保障技术方法

为保障储能电站火灾安全,我们提出了"三道防线"的理念。第一道防线是电池本体安全,要开发安全型储能电池,使电池发生热失控的概率降到最低。第二道防线是过程安全,即对电池使用过程中早期的隐患进行预测和预警,把电池的事故消灭在萌芽状态。最后一道防线是消防安全,即要实现储能电站的快速灭火和抗复燃,要杜绝小火成大灾。

(一) 本体安全

我们团队从2002年就开始研究这方面的工作,对正极、负极、电解液、隔膜等材料的单体热稳定性、反应特性,以及材料与材料之间的反应特性进行了系统研究。同时,团队对整个材料体系在不同荷电状态下的稳定性以及反应特性都进行了研究。

从图1可以看到,全电池材料的反应特性非常复杂,它是由若干个反应叠加耦合而成的。根据前面的研究,结合一些数学处理方法,我们可以把非常复杂的化学反应进行解耦,变成a~j这10个反应。从这10个反应中,我们可以看到哪些反应是导致电池热失控的主导因素或电池热失控发生的关键步骤。研究表明,电解液、隔膜、正极材料是决定电池安全性的关键材料因素,电解液分解并与正极反应是热失控的主导因素。

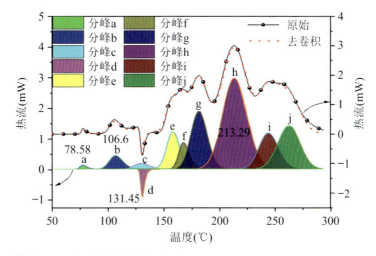

图1 全电池产热特性分析实验

电池在使用过程中,为什么会发生热失控？我们对热失控过程中的热量来源也进行了分析。研究结果表明,电池在充放电过程中会产生一定的循环热,我们将电池循环仪和绝热加速量热仪联用,量化了循环产热及其与充放电倍率的关系。如果这些放热不能及时导走,就会产生热积累,使得电池系统升温,并发生化学反应,最后造成热失控(图2)。

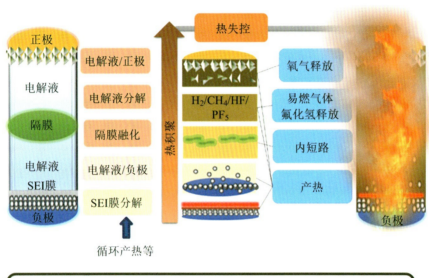

图2 热失控过程

因此,提高电池本体安全的关键点:一是电解液,可以通过添加TPP、CDP、IPPP等阻燃添加剂,研发难燃型安全电解液,同时,我们提出内部阻燃和协同灭火的方法,研制兼备电化学性能和高安全性的不燃电解液。二是正极材料,通过适当的离子掺杂,来提高正极材料晶格能,稳定它的晶体结构,改善它的热稳定性和循环性能,还可以通过氧化物等包覆来隔绝正极材料与电解液直接接触。三是隔膜,目前主要是熔点低的聚烯烃隔膜(以聚乙烯、聚丙烯微孔膜为主)容易造成电池内短路。可以通过提高有机隔膜熔点或者采用无机隔膜材料来提升隔膜安全性。但是,安全性高的无机陶瓷复合隔膜会增加电池的内阻,导致界面相容性较差。所以这些隔膜材料离商业化、产业化应用可能还有一段距离。

（二）过程安全

过程安全强调电池故障诊断和火灾预测预警，我们基于最大可用容量值，发展了电池组健康状态评价方法，实现对隐患电池的预警，以便及时处置。同时，基于交差电压测试和等效电路模型，发展了一种串联/并联电池组连接故障诊断方法（图3）。

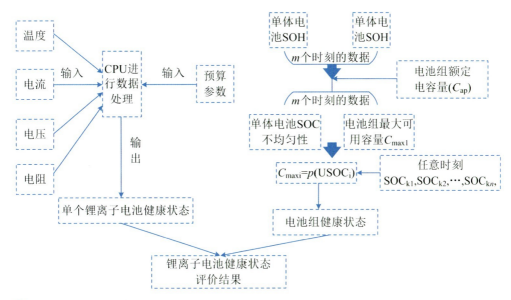

图3 电池组健康状态评价技术原理

电池故障预测预警最关键的因素是怎样获得表征电池热失控的参数。为解决电池在热失控过程中预测预警的误报和漏报，我们要进行多参数融合。通过对不同类型、不同大小、不同SOC状态的电池进行过充、外短路、环境加热等失控试验，测量电池外表温度、电压、内阻等参数，再结合电池结构和模型来决定哪些参数能够用作电池热失控的预警参数。最后，我们基于这些热失控的预警参数，以及建立的热失控热电耦合模型，发展了基于多参数融合的电池火灾预警技术，可以对动力电池的火灾进行三级预警。一级预警就是前文讲的故障预警，把事故消灭在萌芽状态。二级预警是热失控预警，根据对象电池以及该电池的热失控特征参数和阈值进行预警，保证在规定时效内进行预警。三级预警是火灾报警，需要和消防联动。

（三）消防安全

消防安全的目标就是要让电池的小火不酿成大灾。为实现电池及其模组的高效灭火和抗复燃，我们首先研究了单体电池的火灾性能，包括这些电池的火灾动力学演化规律,以及放热特性等。

同时,我们也对电池模组的热失控传播进行了研究。总体上来讲,模组中一个电池热失控着火之后,下一个电池着火的时间间隔会越来越短,进入一个加速的过程,如果不采取任何措施,马上就会形成一个大的事故灾难。怎样防止电池与电池之间的热失控传播?我们也研发了集常温散热、高温(火灾)热阻隔为一体的"三明治"复合板结构的电池热管理与热失控阻隔耦合技术。实验证明,"三明治"复合板结构的电池热管理与热失控阻隔耦合技术不仅能有效均衡电池模组的温度,还能阻隔其热失控传播(图4)。

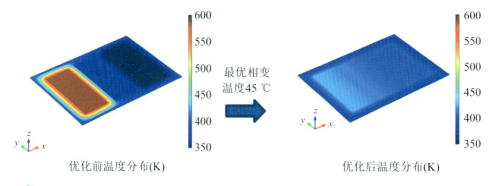

图4 "三明治"复合板结构优化前后温度分布

除了要对电池模组进行热失控阻隔以外,火灾发生后还要对其进行快速灭火。我们团队对单体电池及模组进行了系列灭火实验,同时也对目前的商用灭火剂用于扑灭电池火灾的有效性进行了实验评价和改良。之前储能电站推荐使用的七氟丙烷灭火剂,虽然能够扑灭电池的初期火灾,但无法解决复燃的问题。针对七氟丙烷等灭火剂降温效果差、易复燃等难题,我们通过理论分析和大量实验研究,遴选出灭火好、降温较明显、环境友好的灭火剂。进而,基于电池火灾特性,创新研发出灭火药剂的程序控制释放方法,并形成清洁、高效灭火与抗复燃技术及产品,可实现电池的快速灭火和降温,解决电池的复燃问题。

最后,要发展一种集热管理、故障诊断、热失控预警和灭火协同的一体化技术,实现系统化、智能化、小型化、轻量化和节约化的目标,对电化学储能电站进行高效热管理、智能精准预测、清洁高效灭火,保障储能系统安全、高效运行。

电化学储能电站的安全管理及规范

目前电化学储能电站的安全标准规范严重滞后于电站建设。《电化学储能电站设计规范》是2014年发布的,修订版正在征求意见中,基本上没有涉及安全和消防的要求,只涉及建筑设计防火规范。其实,电化学储能电站跟建筑是两码事,材料不一样,火灾特性不一样,所以灭火方法也不一样,都参照建筑设计防火规范肯定是不合适的。现在国内同行都已经认识到这个问题,开展了大量的研究,希望能制定科学、合理的"电化学储能电站安全设计规范"。首先,我们要把储能电站的电芯以及模组的火灾性能搞清楚,其次要把电池模组中电芯之间的火蔓延特性搞清楚,最后要发展电池火灾的预测预警技术和灭火抗复燃技术。需要基于以上的研究基础和技术研究,来制定"电化学储能电站的消防设计规范"。可喜的是,目前已经有部分团体和行业标准开始发布,《电化学储能电站设计规范》国家标准的修订版已经征求了几轮意见,最近也有可能发布。这样的话,其可从法律法规的依据上为电化学储能的安全提供有力的保障。

我们应该提升基于互联网云数据的智能安全管理技术,通过建立智能安全管理平台(图5),实现"远程监控+智能预测+分级预警+高效处置",最终达到储能系统安全的目的。

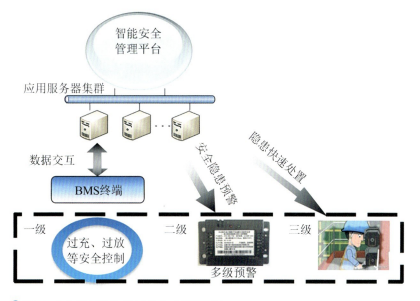

图5 电化学储能电站智能安全管理平台

唐 捷

日本工程院院士

研究领域覆盖新型纳米材料、储能材料、新型纳米器件等的基础理论、特性、构造表征，及纳米器件的制备、应用基础和产业推广。在国际权威专业杂志上已发表论文150余篇，已授权中国、日本、美国及欧洲各国等专利50余项，并多次在国际学会上发表邀请专题报告。

石墨烯超级电容器及其工业应用

国轩高科第11届科技大会

首先感谢国轩高科的邀请,我很高兴能够参加国轩高科第11届科技大会。上一次参加国轩高科科技大会是在2017年,国轩人对科技的热爱、对人才的重视、对工作的热情都给我留下了深刻的印象。时光如梭,一晃5年过去了,国轩高科在这期间奋勇而上,国轩动力电池成为中国电池界的三大巨头之一,并冲向世界与大众汽车携手并进。特别值得一提的是,李缜董事长在2017年考察了日本的高科技研发,并当机立断在日本筑波科技城成立了国轩高科筑波研究院。筑波研究院的年轻人们结合国轩人积极进取的奋斗精神和筑波人脚踏实地的科学精神,在短短5年之内,从无到有,取得了显著的成绩,开拓了日本市场,也对日本的动力电池行业起到了冲击效应。李缜董事长对日本筑波研究院的成绩给予了高度评价。我由衷地为国轩高科感到高兴,为日本国轩研究院的小伙伴们加油。

下面我想与大家分享一下日本的碳中和政策,以及我们近年来在石墨烯材料与器件方面的研发,尤其是石墨烯电容器的研发和工业应用中的进展。

日本碳中和政策简介

当前,由于地球变暖会制约经济发展,越来越多的国家和地区已经把低碳经济作为新的经济增长引擎。现已有120多个国家和地区提出了2050年实现碳中和目标,并推出各种相关政策。日本政府希望把碳中和作为契机,推出绿色成长战略,在实现减排和碳中和的同时,推动经济大幅度增长。2020年10月,日本首相提出"2050年碳中和计划",表示要在2050年实现排出的二氧化碳量和吸收的量相同这一目标。日本的绿色成长战略涉及14个产业,包括海洋风力发电、太阳光地热发电、电动车以及半导体等。该战略的目标就是要节省能量、储备能量和创造能量。想要实现碳中和,靠一般的努力是很难的,需要大力加快能源产业结构转型,大胆投资创造性工作。在此基础上,日本的经济产业省牵头制定了《2050年碳中和绿色增长战略》,针对产业政策和能源政策预期增长的14个重要领域制定了行动计划,为日本设定了具体目标,并且尽可能地展现出具体的前景。

日本针对企业的研究开发、成果验证、设备导入和规模扩大,商业模式确立的不同阶段,在5个方向提供了政策工具:第一是在政府预算方面,建立了绿色创新基金;第二是在税收方面,给减排效果好的产品提供税收优待;第三是在金融方面,为促进民间投资创造环境;第四是在规则方面,为新技术普及提供便利;第五是在国际连携方面,用先进技术促进日本的国际贡献。

日本碳中和电动化设定的目标是到2035年实行新乘用车销售100%电动化,蓄电池在2030年之前,尽快实现将国内车载蓄电池的制造能力提高到100 GW·h,海外具有450 GW·h的生产能力。

超级电容器应用的社会背景

在碳中和背景下,超级电容器该如何应用?目前它可以用于太阳光发电、风力发电、氢气能源和地热发电等。电动化的回收再利用以及电动车很多部件的应用,让汽车整体上变得更加安全。

超级电容器与电池的比较

超级电容器就是在电极材料表面附近吸附电荷来充电,脱附就是放电,这是一个物理现象,所以超级电容器有非常快的充放电的能力,但是因为超级电容器只是表面的吸附，所以容量小，电压也会发生变化。因为电极材料没有遭到破坏，所以超级电容器寿命很长，安全性很好。与电池相比，超级电容器在电极表面有一个化学反应，电解质离子进入电极，所以电池充放电很慢，但是电池容量很大，电压也是一定的，在使用寿命上电池稍微短一些，有着火的可能性。超级电容器（尤其是对称型超级电容器）和电池的构造不一样。对称型超级电容器是有正负极的，都采用了相同的活性炭材料，而电池的正极是锂氧化物，负极是碳材料。锂离子超级电容器的正极用超级电容器的正极，负极用电池的负极，它既有电池的能量高的特点，也有超级电容器的快速充放电及寿命长的特点。从对称型超级电容器到锂离子超级电容器再到电池，容量是逐渐升高的，但是内阻是逐渐下降的。锂离子超级电容器与对称型超级电容器相比，锂离子超级电容器的电压范围比较大，能到3.8 V，容量密度也比对称型超级电容器要高，两者的功率密度几乎相等，但在温度特性上，锂离子超级电容器会高一些。

石墨烯及石墨烯超级电容器的研发

石墨烯具有很多优点，大家也都期待着它可以成为新型超级电容器的电极材料。石墨烯拥有较强的硬度，导电性和电荷迁移性很好。但是因为它是碳素原子组成的，所以非常薄，非常容易发生再堆积。在这种情况下，我们把两个石墨烯系统之间加入了碳纳米管，让它不重复、不重合，并且增加了石墨烯系统之间的导电性。"三明治"结构的石墨烯碳纳米管使得电解液的进出量增加了很多，提高了它的能量密度。石墨烯超级电容器的能量密度是现有的活性炭电极能量密度的3倍，容量提高了2倍，电压由2.7 V变成3.2 V。我们做的小型超级电容器的器件具有可以频繁充电、快速充电的特点。

超级电容器的应用领域以及工业应用

图1中的蓝色部分是移动体电力回收的使用方式,黄色部分是作为储电和进行电力电压调整的应用方式,绿色部分是作为电力系统的辅助。使用超级电容器可以大电流地放电,并且长时间地使用,不用更换,减少了损耗。

当前利用超级电容器优点的市场主要包括电力回收、快速充电、急速放电。比如当太阳发电很弱的时候,加上了超级电容器后,可以把所有的能量都吸收上来,将效率从63.4%提高到88.9%。

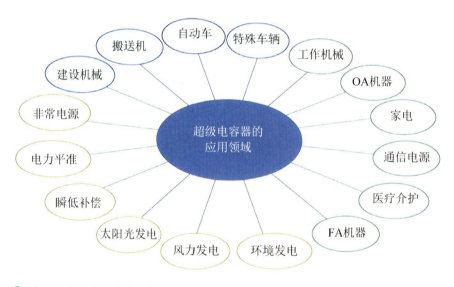

图1 超级电容器的应用领域

我们的研发成果与展望

我们对石墨烯复合材料的研发通过日本国家计划的支持,以及海外公司互相协力,可以把生产量提高。我们既可以做小型的石墨烯器件,也可以做大型的超级石墨烯器件。

石墨烯超级电容器的技术优势是快速充电,寿命长达10年,不使用稀有金属,为环境友好型的储能器件,并且耐温范围也很广。小型的超级电容器可以作为物联网仪器的独立电源,中型的电容器可以作为无人机和可移动设备的电源,未来也可以应用在无线充电机器人和电网领域。超级电容器和电池各有所长,我们希望能够和国轩高科一起,在电动车领域服务社会。

曾少军

全国工商联新能源商会秘书长,研究员

"中国碳中和50人论坛"创始成员、清华大学明德启航导师、贵州大学客座教授、中国科学院大学特聘教授、中央广播电视总台特约评论员、国家能源局"十四五"规划专家组成员、国家能源局国际合作项目专家组组长、国家能源局监管委员会专家组成员、国家发改委生态文明重大课题组组长、世界银行中国能源项目专家组组长。曾任国家高端智库中国国际经济交流中心研究员、国家发改委清洁发展机制审核理事会评审专家、财政部"家电下乡"评审专家、联合国气候变化大会中国工商界首席谈判代表等职。

长期从事新能源和应对气候变化的公共政策与国家战略研究,主持和参加国家部委级重大科研课题60余项,获国家发改委、国家能源局优秀学术成果一、二、三等奖10余项。出版《碳减排,中国经验》《国家智库:中国能源与环境策略》《中国能源生产与消费革命研究》等专著、合著30余部,发表CSSCI、SSCI、SC内、外核心期刊文章100余篇,是 Energy Policy、Climate Policy 等多个国际高水平学术期刊审稿人。

构建以储能为核心的多能互补新能源体系

国轩高科第11届科技大会

"十四五"及中长期新能源产业发展前景

2020年5月,新能源商会联合国家发改委能源研究所等国家级研究机构和专业智库,聚焦"十四五"时期我国新能源产业发展的核心问题和关键问题,共同开展了"我国'十四五'新能源发展若干重大问题研究"专项,取得了一定的研究成果。对"十四五"和中长期新能源产业的发展前景,我们有以下四个方面的基本判断:

一是电力将是减排力度最大、脱碳最快的领域。2050年前,我国将实现电力生产近零排放,之后为实现碳中和提供负减排。"十四五"时期,我国新能源发展内生动力强劲,新增电源装机主要为新能源发电,以光伏为代表的中国新能源发电的并网规模有望实现翻番。

二是2050年非化石能源占比有望达78%。根据国家发改委能源研究所《2020年中国可再生能源展望报告》,在高比例可再生能源情景下,到2050年,终端用能电气化比例将达到2/3,非化石能源消费占比达到78%。在"十三五"期末,我国非化石可再生能源的比例不到10%。从2022年到2050年,在不到30年的时间,非化石能源的占比要达到78%,这意味着非化石能源占比将实现连续几倍的增长。

三是农村将成为新能源发展新阵地。我们欣喜地看到这几年农村新能源取得了长足发展。根据我们商会开展的"我国'十四五'农村电网改造升级及扩大新能源应用研究"成果,在碳中和的政策约束下,我国农村能源消费将在2025年左右实现碳排放峰值,新能源将成为落实乡村振兴战略、建设美丽乡村的重要举措,助力实现国内碳达峰、碳中和。在基准情景下,2025年、2030年、2035年我国农村非化石能源消费比例将分别达到85.3%、89.7%和92.9%;在电气化加强情景下,2025年、2030年、2035年我国农村非化石能源消费比例将进一步分别达到85.8%、91.1%和94.8%,其中非化石能源发电是实现非化石能源利用量增长的最主要来源。在各种非化石能源发电量构成中,风、光发电比重将快速提升,成为主力非化石能源品种,生物质能将保持平稳增长。农村将率先实现碳中和,我们做了一个比喻,我国新能源发展将形成以农村包围城市的新型发展格局,这也是基于我们的观察所得。

四是"十四五"大型风光基地建设提速。《"十四五"现代能源体系规划》提出,全面推进风电和太阳能发电大规模开发和高质量发展,优先就地就近开发利用,加快负荷中心及周边地区分散式风电和分布式光伏建设,推广应用低风速风电技术。在风能和太阳能资源禀赋较好、建设条件优越,具备持续整装开发条件,符合区域生态环境保护等要求的地区,有序推进风电和光伏发电集中式开发,加快推进以沙漠、戈壁、荒漠地区为重点的大型风电光伏基地项目建设,积极推进黄河上游、新疆、冀北等多能互补清洁能源基地建设。积极推动工业园区、经济开发区等屋顶光伏开发利用,推广光伏发电与建筑一体化应用。开展风电、光伏发电制氢示范。鼓励建设海上风电基地,推进海上风电向深水远岸区域布局,积极发展太阳能热发电。

构建多能互补新能源体系必须协调推进储能发展

要实现"碳达峰、碳中和"目标,我们应该怎么做?我认为要构建以储能为核心的多能互补的新能源体系。为什么要构成这么一个体系?为什么要以储能为核心?因为没有储能,任何一种单一的新能源品种都不可能完成新能源革命的任务,任何一种单一的新能源品种都不可能担当起能源替代的责任,所以我们提出,构建多能互补新能源体系必须协调推进储能发展。

第一,大规模风光基地亟待解决消纳难题。我国大型风光基地集中在远离负荷中心的西北地区,特高压等远距离输电设施尚不完善,电力供需出现不匹配,风光出现消纳问题,某些地区因此出现不能并网、利用时间持续降低等"弃风""弃光"现象。在电源侧,储能可以通过协同优化运行提高新能源的消纳水平。

第二,电力系统灵活性及安全性面临挑战。在"碳达峰、碳中和"目标下,我国电源结构由可控连续出力的煤电装机占主导向不确定性强、可控出力较弱的新能源发电装机占主导转变,电网运行更加复杂,电力系统对调频、调峰资源的需求将大大增加。提升系统调节能力、加强安全保供的重要性进一步凸显。在电网侧,储能可以提高电网供电能力,延缓或替代电网投资。

第三,分布式发电高质量发展存在诸多问题。如图1所示,当前,分布式可再生能源项目系统电能质量亟待提高,高比例分布式可再生能源发展所需的配电网接入能力不足,分布式发电市场化交易仍面临阻力,经济性优势难以充分发挥。在用户侧,储能可与新型电力终端深度融合,提高系统运行效率,降低运行成本,提高经济性。

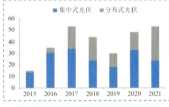
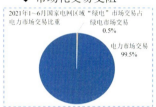

图1 分布式发电高质量发展存在的问题

第四,可再生能源制氢面临成本高、运输难等瓶颈。其中,电解水制氢过程的电耗成本占总成本的60%~80%,电价的高低直接决定了绿色氢能的经济性。国内氢的储运技术在能效性、安全性上尚未完全解决。目前普遍采用高压气氢储运方式,储氢密度低、压缩能耗高且储氢罐安全设计冗余带来的材料成本较高。

第五,揠苗助长式强配储给行业发展带来诸多问题。在国家全面推动大型风光基地建设的当下,新能源发电价格已低于火力发电价格,但当前煤电价格倒挂,相当于新能源"反哺"火力发电。电源侧不合理的储能配置要求,将进一步加大项目的非技术成本,影响大型风光基地的推进。当前,储能应用从萌芽期明显进入高速增长期,电力成本过高,技术迭代,缺乏清晰的商业模式仍是亟待解决的问题。强制配储导致部分企业倾向于选择性能较差、初始成本较低的产品,使储能仅作为新能源优先并网的工具,而高质量的中高端储能供应商因价格缺乏竞争力,在一定程度上受到抑制,导致"劣币驱逐良币",不利于行业高质量发展。

多能互补新能源体系下的新型储能形式

针对以上问题,应大力发展多能互补新能源体系下的新型储能形式。

第一是电化学储能。不管别的形式怎么好,现在最经济、最灵活、最便捷、最稳定的储能形式是电化学储能。当前,电化学储能已开启商业化,将成为未来主流方向之一,可应用于电源侧、电网侧、用户侧。按应用场景分类,2021年,全球电化学储能装机功率在电网侧储能、电源侧辅助服务、新能源+储能、用户侧削峰填谷、分布式及微网五类场景中,占比分别为26.6%、32.1%、30.9%、6.2%和4.2%,电源侧合计占比63%。2021年,中国电化学储能的第一应用场景为"新能源+储能",装机功率占比为45.4%,电源侧合计占比达到74.26%,其他场景占比均低于全球水平,我国在电网侧独立储能电站、用户储能系统等储能应用形式上还有很大的发展空间(图2)。

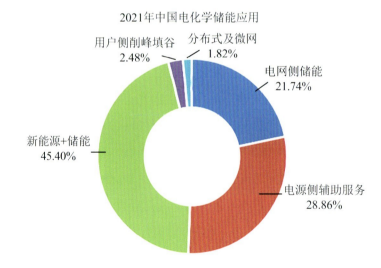

图2 电化学储能

第二是熔盐储能。熔盐储能从某种意义上也是电化学储能,它是目前大规模中高温储能技术的首选。熔盐储能是全球第三大储能技术类型,2021年全球投运的储能项目累计装机达209.4 GW,其中熔盐储能占比1.6%。2021年,中国投运的储能项目累计装机达46.1 GW,其中熔盐储能占比1.2%,主要应用于光热发电项目。

根据国际可再生能源局(IREA)的报告,在全球所有配备储能设施的电力系统中,采用熔盐储能技术的占比达 3/4。光热型熔盐储能技术的主要功能是储能、调峰,通过并联配置多对熔盐储罐,可轻易实现大规模(10 GW·h 级)的储能,对风力发电、光伏发电的消纳作用明显。在西北风、光资源丰富的地区,光热型熔盐储能电站效率最高可达到 80%,适宜建设为电网侧、发电侧的大规模储能电站或共享储能电站。

第三是氢气储能。可再生能源电解水制氢的生产过程,作为电力系统中可快速调节的负荷,可成为应对风力发电、光伏发电波动性、间歇性的有效措施。而由氢气合成的绿色能源产品,甲烷、甲醇、氨等,以其便于运输、易于储存的特性,既可作为化工原料,也可作为以新能源为主体的新型电力系统应对中长期能源电力供需不平衡的一种储能介质。氢气正成为全球氢能发展的焦点。根据 2022 年博鳌亚洲论坛发布的《可持续发展的亚洲与世界 2022 年度报告》,到 2050 年,氢气及其衍生品将占最终能源使用总量的 12%。在净零排放情况下,2050 年对氢气的需求可能会达到 6.6 亿吨,每年减少 70 亿吨的二氧化碳排放,这是世界保持现有全球变暖趋势排放量的 20% 左右。

加快构建以储能为核心的多能互补新能源体系

最后一个问题,以储能为核心的多能互补新能源体系具体应该是一个什么样的体系?从国家能源局和国家发改委的要求来看,储能需要贯穿于整个新型电力系统,保障在电源侧、电网侧、用户侧安全、稳定地应用(图3)。我们该如何去做?

第一,促进新型储能多元化发展。推动电化学储能、热储能、氢储能等各类储能形式发展,支撑多能互补能源体系建设。发电侧:大力推进新能源电站配置新型储能,进一步推广光热发电熔盐储能;电网侧:合理布局电网侧新型储能,着力提升电力安全保障水平和系统综合效率;用户侧:探索储能融合发展新场景,拓展新型储能应用领域和应用模式,支撑分布式供能系统建设,提升用户灵活调节能力和智能高效用电水平。

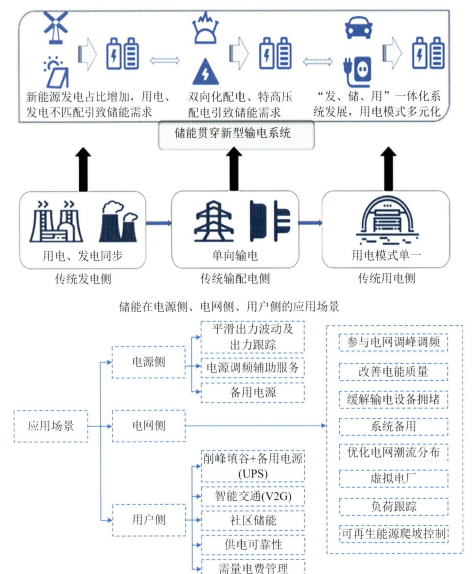

图3 以储能为核心的电能互补能源体系

第二,集中式与分布式储能并举。集中式储能包括抽水蓄能、大容量储能电站等。抽水蓄能适合长时间尺度电网调峰及电力平衡场景,可统一在电网侧配置。大容量储能电站可在集中式新能源发电基地适当配置,实现储能系统与新能源、电网的协调优化运行。分布式储能包括小型储能、电动汽车等,可推动建设小区、写字楼、家庭应用场景下的分布式储能设备,实现储能设备的混合配置、高效管理、友好并网,促进新能源就地就近消纳利用。

第三，积极发展"源、网、荷储一体化"和多能互补。优化整合电源侧、电网侧、负荷侧资源，以先进技术突破和体制机制创新为支撑，探索区域(省)级、市(县)级、园区(居民区)级"源、网、荷储一体化"等具体模式。利用存量常规电源，合理配置储能，积极实施存量"风、光、水、火储一体化"提升，稳妥推进增量"风、光、水储一体化"，探索增量"风、光储一体化"，严控增量"风、光、火储一体化"。

第四，创新产业模式，培育发展新动能。大力发展分布式能源和以电力为核心的综合能源服务，促进新能源发电与供热、供气等能源品种协同发展。积极探索共享储能运营模式，促进电源侧、电网侧和用户侧的储能项目落地，推进电力系统与互联网、人工智能、大数据等新兴技术的深度融合。

俞振华

中关村储能产业技术联盟常务副理事长

1997年毕业于清华大学电子工程专业,2005年取得美国佩珀代因大学工商管理专业硕士学位。2007年创建北京普能公司,专注于全钒液流储能技术的开发,2010年入选全球清洁技术百强企业。2012年发起创办中关村储能产业技术联盟,同期创建北京睿能世纪科技有限公司,任董事长,专注推动储能产品在电力应用领域的发展,建设了中国首个储能参与电力调频的商业化电站项目。2010年,俞振华先生通过北京市海聚工程认定,被评为北京市特聘专家,于2011年评为国家特聘专家。

全球储能发展回顾与展望

国轩高科第11届科技大会

今天的汇报分三个部分:第一部分是基于储能联盟的全球储能项目数据库,得到的全球的储能市场规模;第二部分是回顾一下过去一年全球储能市场发生的变化;第三部分是基于当前的政策趋势和国内外的储能商业模式的对比分析、对中国储能市场预测观点分享。

2021年全球和中国储能市场规模

根据储能联盟的全球储能项目数据库不完全统计,截至2021年年底,全球已投运的储能项目包括物理储能、电化学储能、熔融盐储热,累计装机规模超过200 GW,已投运项目累计装机规模达209.4 GW,同比增长185%;中国已投运项目累计装机规模为46.1 GW,占全球的1/5,同比增长231%。从技术路线来看,基于2021年中国的抽水蓄能 8 GW 占比 86.3% 低于90%,新型储能 2.4 GW 占比 12.5%,比例在持续下降(图1)。在全球碳中和目标设定下,目前的储能技术路线可以看到已有两个趋势慢慢开始形成。一个趋势是推动长时储能降低成本,主要是为了满足在未来的高比例可再生能源场景下,4 h 以上、1天甚至多天的储能需求。另一趋势是要解决目前的主要技术难题。目前90%的新建储能项目都是用锂离子电池,以磷酸铁锂为主,但因为锂电存在安全性和资源限制的问题,所以推动了解决锂电安全性和资源限制的技术路线发展,如固态电池、钠离子电池、水系电池等。从未来发展的趋势和规模上来看,在"十四五"规划指导下,长时的新型储能技术未来会慢慢占有一定的市场份额,锂电作为主要技术方向不会发生改变。

2021年在新型储能方面,全球新型储能市场累计投运规模首次突破25 GW,新增投运规模为10 GW,同比增长67.7%。从应用方面来说,各国应用重点不太一样,平均下来在用户侧、电网侧、电源侧形成一个均衡,基本各占1/3。从区域这块来分,在2021年新增市场中,中国、美国、欧洲各国占主导,合计占全球市场的93%。

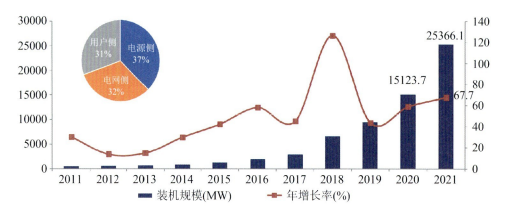

图1 全球新型储能市场累计装机规模(截至2021年底)

数据来源:CNESA全球储能数据库。

美国方面,受投资税收抵免政策(ITC)下降的影响(2019年为30%,2020年至2022年为26%,2023年为22%,此后大幅下降),支持光储的税收抵免政策现正在退坡,且到2024年会降到一个较低的水平,去年(2021年)和今年(2022年)存在抢装状况,储能项目高速发展;新兴市场方面,意大利用户补贴激励及辅助服务项目采购,爱尔兰辅助服务市场,菲律宾辅助服务市场;家储市场方面,德国新增家用光伏的配储比超过60%,达43万套,澳大利亚在各州补贴及上网电价(Feed-in-Tariff,FIT)退坡的支持下达13万套。预计到2025年,美国、欧洲各国、日本、澳大利亚仍会引领全球家用储能市场。

中国新型储能市场累计规模5.73 GW,新增规模首次突破2 GW,同比增长74.5%(图2)。中国新型储能项目分布在全国30个省、市,其中最为突出的是山东,山东依托"共享储能"创新模式引领2021年全国储能市场发展。2021年除山东之外,包括湖南、湖北、河北等14个省均出台了储能发展规划。江苏、广东则延续用户侧储能先发优势。内蒙古因乌兰察布电网友好绿色电站示范等新能源配储项目首次进入全国储能市场前五(图3)。这些都是代表未来发展趋势的一些重心模式。

图2 中国新型储能市场累计装机规模（截至2021年年底）

数据来源：CNESA全球储能数据库。

图3 中国新型储能市场区域分布Top5省份（2019年、2020年、2021年）

数据来源：CNESA全球储能数据库。

传统来说，我们把国内的储能应用分布按照电源侧、电网侧、用户侧分为三个部分（图4），从2021年的情况来看，75%的储能项目是在电源侧电网体制内。但是根据目前行业发展的情况，不能按照单一接入点、单一应用进行区分。另外，随着使用场景越来越多，现在全球趋势越来越趋细分。2021年储能联盟根据行业建议、行业发展形势，为更规范、更科学地统计项目数据，将应用分布划分为三个维度：(1) 按照项目接入位置，分为电源侧、电网侧及用户侧；(2) 按照储能项目应用场景，分为独立储能、风储、光储、工商业储能等30个场景；(3) 按照储能项目提供服务类型，可划分为支持可再生能源并网、辅助服务、大容量能源服务（容量服务、能量时移）、输电基础设施服务、配电基础设施服务、用户能源管理服务六大类(图5)。

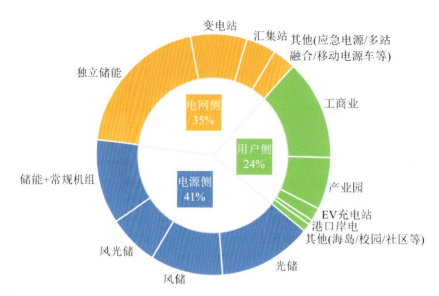

图4 2021年中国新增新型储能项目接入位置及应用场景分布
数据来源:CNESA全球储能数据库。

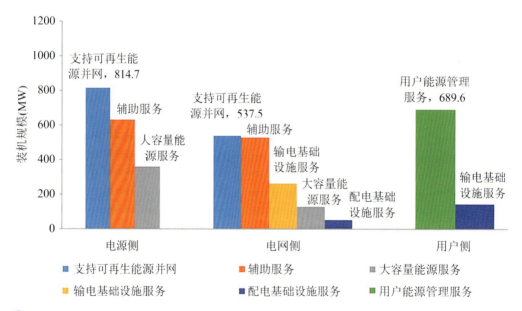

图5 2021年中国新增新型储能项目主要服务类型分布
数据来源:CNESA全球储能数据库。

2021年中国储能市场真正意义上进入规模化发展,有一个很明显的在节点上承上启下的特性。因为2021年我们看到的规模化储能项目中,特别是百兆瓦的规模储能项目只有7个。但是今天我们看到就新能源在建的851个项目里,百兆瓦的规划项目已经超过70个(图6)。百兆瓦以上的项目,更多是以独立储能、共享储能的模式为主,而且从体量规模上来说,它们具备了电网发挥系统级的作用的能力,技术条件的具备、新的应用模式、产业政策方面各个破局开始出现。除了传统的抽蓄、锂电之外,我们可以看到百兆瓦规模带动了很多新技术路线的发展,百兆瓦压缩空气储能项目、百兆瓦液流电池项目均在建设中。

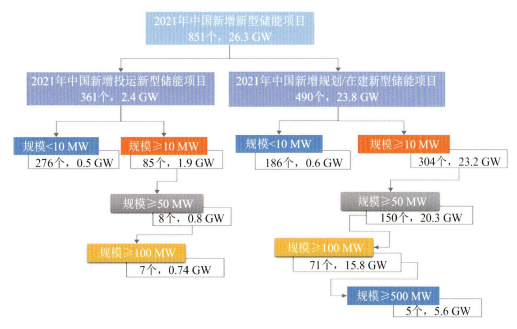

图6 2021年中国新增新型储能项目规模等级分布

数据来源:CNESA全球储能数据库。

2021年全球储能市场变化

首先是在政策层面,国内去年(2021年)部分省、市给予了新能源汽车,包括电价、电量补贴在内的政策福利,一定程度为储能带来一些额外收益。国际市场进入后补贴阶段,采购目标成为主力。

过去很多国家的补贴是针对用户侧补贴电价：

（1）美国方面，康涅狄格州：住宅储能最高补助7.5美元；加州：SGIP（自发电激励计划）延期；要求新建建筑安装光伏储能设备分别按负荷的60%和10%配置。

（2）日本方面，安装家用光伏储能设备补贴66%，零碳建筑补贴40%～50%。

（3）中国方面，峰谷价差不低于4:1，尖峰电价在峰段电价上上浮至少20%；补贴：苏州、义乌、温州、肇庆、佛山等市；需求响应：安徽、陕西、湖北等6个省市。

另外，以中国、美国为代表的国内外政策也是以采购目标为主，激发市场信心。

（1）中国方面，2025年计划完成30 GW的新型储能项目，14个省发布规划，合计超过50 GW。

（2）美国方面，包括加州、纽约在内的8个州超过13 GW的采购量。

在研发支持资金上，美国提出用30亿美元升级基础设施与储能建设，70亿投资电池产业链"长时储能攻关"；10年内将电网规模的长时储能成本降低90%等。欧洲国家提出创新基金、电池"2030$^+$"、净零创新组合、"法拉第"计划等。韩国提出支持新一代电池，包括长寿命电池、高压模块型电池、退役电池等产品；安全技术：火灾征兆感知分析、发电站安全诊断、预测方法等技术，以及多元储能技术耦合。

在其他政策上，韩国发布《储能追加安全措施》等，增加储存运营记录的装置、补贴安全及消防设施费用、设置新的户内/户外的充电标准、推广不同地理位置特点的标准安装模式；菲律宾、印度、加拿大消除了储能进入电力市场阻碍；法国容量市场与碳减排挂钩。国内最近也出台一些相关运营方面政策，例如南方电网前所未有地提出了几十页关于储能应用运维方面的规程。

其次，在国际供应链方面，战略竞争加剧。因为全球90%的锂电供应链是在中、日、韩三国，为了应对未来重大需求，美国和欧洲各国最近两年都是重拳部署一些制造业提升策略。美国在2020年发布首个国家政策（过去都是州级的），系统性部署储能产业链。2021年他们签署了14017号行政令，提出了各项措施增强本地供应链。欧盟也实施了多项计划，支持电池研发和电池链的打造，欧盟规划了38个新型的电池超级工厂，目前处于规划和在建阶段，其中一半的工厂拿到的融资超过300亿美元。如果38个工厂如期投运，2025年将达到462 GW，2030年将达到1144 GW，基本上可以满足欧洲国家自己的电动汽车和储能的市场需求（图7）。

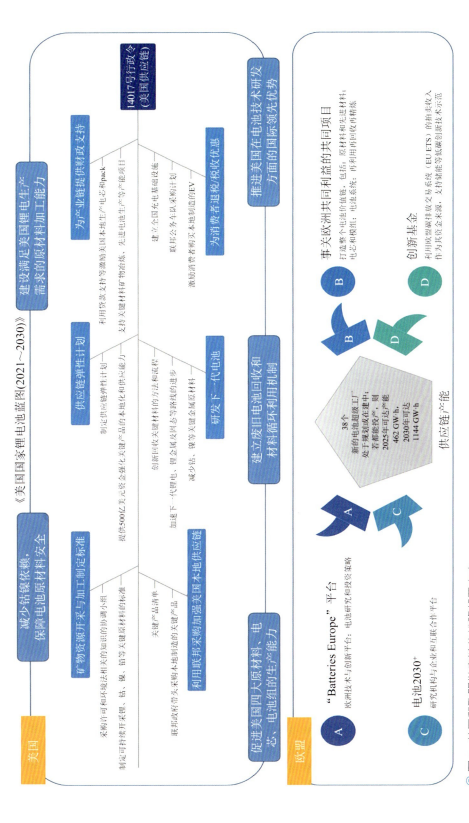

图7 美国和欧盟锂电供应链的战略部署方向

数据来源：CNESA收集整理。

另外,在供应链方面,供应链价格波动传导至下游储能市场。去年受疫情、地缘政治等因素影响,国际大宗商品价格疯涨,供应链体系发生恶化。自2020年下半年以来,锂离子电池产业的正极、负极、电解液等材料价格纷纷上涨,相比2021年1月(约5万元/吨),碳酸锂价格在2021年12月增长了329%,2022年4月增长了577%;磷酸铁锂2021年12月的价格增长了176%,2022年4月增长了321%;回到储能项目侧,系统投标成本通过上游价格上涨,到中间的电芯厂承担了一部分,然后传导到下游,整体的项目成本上升。2021年至今,在上游原材料价格的影响下,储能电池设备成本上升超过20%。

回到应用层面,通过2021年一年的全球出口应用,我们总结开始出现两极分化趋势。其中一个趋势是应用储能提供快速调频服务,让调节速度更快。中国方面,山西将一次调频纳入辅助服务市场交易;浙江新增旋转备用、一次调频辅助服务品种。欧盟目前在北欧推行新的调频品种,目前的辅助服务品种响应时间为0.5~15 min。在瑞典、挪威、芬兰、丹麦推行新的调频种类:扰动频率控制备用和快速调频,要求在0.7~1.3 s响应。英国在2019年之后,推出了快速调频型品种:动态遏制(DC)、动态稳定(DM)和动态调节(DR)。动态遏制和动态稳定要求1 s响应,动态调节要求10 s。澳大利亚到2023年,在现有频率控制辅助服务(FCAS)框架(已有8类调频品种,最短响应时间为6 s)下,引入2类快速调频品种快速调频响应(FFR),响应时间小于2 s,维持时间超过6 s。美国德州提出快速调频服务、紧急备用服务。以上这些都是为了应对可再生能源对电网的快速冲击。

另外一个趋势是容量市场,这个市场变化要求储能时长更长。国际上慢慢出现了这个趋势:国内的内蒙古、福建、辽宁、河北,在部分场景中,要求新能源配置储能时长不低于4 h。美国加州:到2030年和2045年,分别需要2~11 GW、45~55 GW长时储能,以实现"2060"碳中和目标;加州容量协议的储能时长要求为至少4 h;去年部分项目超过8 h。欧盟:法国、比利时向储能开放容量市场。英国:National Grid ESO公司预测,2050年,领先场景下15 GW中,有37%~45%的储能(GW)为长时储能;容量市场中,按照储能时长,对容量可用性进行打折。澳大利亚则要求10.5年合同期的SIPS合同锁定夏季储能容量,非夏季储能电站用于现货市场;澳大利亚能源市场运营商AEMO预测55%可再生能源装机以后,4 h以上的中长时储能的需求将大幅增加。

从储能项目的收益来看,现货市场和储能的关联非常大,价格波动幅度是关键,这里有两个核心因素:一个是价格的"天花板",另一个是结算机制。

价格上,2021年澳大利亚的现货市场"天花板"价格约合71元/(千瓦·时),"地板"价为−4.7元/(千瓦·时);2020年,现货市场负电价出现3662次;价格差超过300澳元/(千瓦·时)(约合1.5元/(千瓦·时))的次数为397次,现货价格多次达到"天花板"价格。英国和德国:2021年9月,北海风电供给减少,期间英国电价上涨至2500英镑/(兆瓦·时)(约合22元/(千瓦·时)),是2020年均价的近70倍;德国风力发电占比较高,冬季夜间发电高峰期和用电负荷低谷期多次出现负电价(2021年12月出现−3元/(千瓦·时)左右的低价);国内目前的"天花板"价格相对比较低,2021年,1800元/(千瓦·时)储能系统成本下,600次/年,需要充放电平均价差至少为0.7元/(千瓦·时),10年内才能收回成本;可再生能源比例升高大概率带来现货市场价格波动频繁且剧烈,价格上、下限设置非常关键。

结算机制上,去年(2021年)澳大利亚将现货市场30 min结算机制改为5 min之后,电池更好地响应了价格,在调度策略不变的情况下,单结算机制的变化能够为电池增加40万澳元的收益。这是两个未来的改革趋势,值得中国借鉴。

资本市场2021年全年表现突出。2021年联盟也做了一些融资的市场研究,对储能指数全球54家二级市场上市公司的成分股进行了分析。2021年4月之后,储能相关系列政策出台,提高行业发展预期:全年整体上涨64.80%,同期创业板指数上涨12.02%;储能指数全年表现超过了90%以上的公募和私募基金的表现;但由于市场对储能赛道景气度的高预期,整体估值水平较高,今年的市场发生一些切换,从成长股切换成价值股,已经开始回落。我们再观察回落情况分析,需求增长不会减少。所以今年的储能领域核心上市公司的业绩增长,基本上平均会有100%的业绩增长,同时必然会有进一步的支出。

中国储能市场规模预测

2021年,国家及地方共出台与储能相关政策300余项,涵盖储能发展的各个方向及应用领域,政策支持力度前所未有。覆盖储能发展各个方向,包括人才培养、技术攻关、行业管理等。目前来说,市场政策是通过拉大峰谷价差进行补贴的。通过分时电价、补贴等措施已经使得部分省市的部分场景具备经济性,这是一个挺大的变化。另外,国家针对大体量的新能源配置和独立储能,也出台了很多新政策,但未来仍需解决储能的系统价值如何认定及成本如何疏导的问题,其中的关键是如何利用政策措施和市场手段提高经济性。具体政策方面,联盟研究部做过一个国内、国外的模式对比,供大家做一个参考,如表1所示。

国内市场方面,首先是新能源配储这一块,包括新能源指标、弃电上网、考核减少收益。国外市场方面,特别是美国有明确的一个税收抵免政策,可以直接减少初始投资26%的成本,所以美国去年的市场规模发展非常快。用户侧储能方面,国内目前部分城市有补贴,但是更多城市还是依靠控制峰谷差价。国际市场目前除了通过补贴节约电费外,聚合参与辅助服务市场也是一个非常重要的盈利模式。独立储能是在国内去年大家很关注的一个应用领域,其商业模式当然也跟主体成本息息相关。国内目前有"两个细则",都是把储能作为独立主体,包括浙江定义的储能"双向发电单位",但是大多数市场没有独立储能身份,如何能执行这种系统?所以未来这个电力项目还有很多事情要做;在收益来源方面,就是签订一个10~15年的容量充裕度协议,确保保底收益。同时,第二位储能开放全部的细分市场,通过这个增加统计收益来源,降低电力市场应对储能风险。

新型储能不仅可以促进新能源大规模、高质量发展,助力实现"双碳"目标,作为能源革命核心技术和战略必争高地,而且有望形成一个技术含量高、增长潜力大的全新产业,成为新的经济增长点。

未来5年,"新能源+储能"是新型储能的主要应用场景,政策推动是主要增长动力。

表1　国内、国外典型场景下商业模式对比分析

		国内	国外
新能源配能	收益来源	新能源指标+弃电上网+考核减少收益	美国:ITC补贴(抵扣26%的投资成本)+PPA/峰谷价差套利+辅助服务; 欧洲国家:PPA+辅助服务
用户侧储能	收益来源	峰谷价差+补贴(部分的需求响应补贴或安装补贴)	美国:ITC税收方面(抵扣26%的投资成本)+补贴(如加州SGIP)+用户电费节约; 澳大利亚:州级补贴/低息贷款+用户光储,自发自用电费节约(在南澳等州可叠加虚拟电厂补贴); 欧洲国家:补贴(如德国)+用户光储自发自用,电费节约+聚合参与辅助服务/容量市场
独立储能	主体地位	新版两个细则:明确了储能的独立主体; 浙江:储能作为"双向发电单位"参与市场	英国:定义成发电资产的一个子类; 澳大利亚:引入一个新的市场主体注册类别,即综合资源供应商(IRP)
独立储能	收益来源	山东(针对示范项目):现货市场节点电价差+新能源场站租赁费+现货市场容量电价; 浙江(针对示范项目):现货市场峰谷价值差+辅助服务市场收入; 新疆:赠送新能源目标+充电补偿收益(0.55元/(千瓦·时)); 宁夏:优先发电量奖励+调峰收益(0.8元/(千瓦·时)h,保证600次)+新能源容量租赁; 山西:一次调频效益	美国:10年容量充裕度协议+辅助服务+能量市场套利; 英国:15年容量市场合同+辅助服务收益+能量市场套利,收益来源10余种; 澳大利亚:负电价充电收益+调频收益(8个细分品种)+能量市场套利
独立储能	充放电价和过网费	全国:向电网送电的,其相应充电量不承担输配电价和政府性基金及附加	英国:只收发电时的过网费; 欧洲国家:单向收费

针对本年度白皮书的市场预测,我们延续了以往研究思路,以中关村储能产业技术联盟(简称CNESA)持续建设12年的全球储能项目库为基础,结合储能设备商、集成商和运营商提报的项目规划信息,同时也参考各省"十四五"新型储能、新能源等发展规划,评估预测新型储能未来5年装机规模为:

(1) 保守场景下,2026年新型储能总装机将达到48.5 GW,5年复合年均增长率(CAGR)为53.3%。

(2) 理想场景下,总装机将达到79.5 GW,复合年均增长率(CAGR)为69.2%。

数智科技——聚焦、选择与发展之道

当前物理世界的原子(Atom)与数字世界的比特(Bit)正在深度融合,实体制造与信息科学的交叉成为最具颠覆性的变革。着眼大变局、新赛道、硬科技,寻找原子比特融合产业"新机遇",关注大数据、智能制造等更新、更强的科学技术,带动新能源电池行业走向更为深刻的动能升级与产业创新重塑。

106 / 大数据——挑战和机遇
  樊文飞 英国皇家学会院士

116 / 智能制造牵引制造业高质量发展
  丁 汉 中国科学院院士

125 / 基于AI全生命周期的智能电池
  王启岁 国轩高科中国业务总裁

130 / 锂电生产制造数智化管理调度范式研究
  徐嘉文 国轩高科信息工程院副院长

樊文飞

中国科学院外籍院士,英国皇家学会院士,欧洲科学院院士

深圳计算科学研究院首席科学家、北京大数据科学与脑机智能高精尖创新中心首席科学家(北航)、北京大学讲座教授、清华大学杰出客座教授、北京大学深圳研究生院南燕荣誉教授。毕业于北京大学(本科,硕士)和美国宾夕法尼亚大学(博士),任职爱丁堡大学(前为美国贝尔实验室)科学家。曾获得英国皇家学会Wolfson研究成果奖(2018)、欧洲研究委员会ERC高级研究员(2015)、英国Roger Needham奖(2008)、中国长江学者(2007),海外杰出青年学者(2003)、美国成就奖(2001)、Elsevier网络科学刊物年度最佳论文和最杰出作者奖(2002),以及数据管理四大国际顶级理论与系统会议的时间检验奖和最佳论文奖:Alberto O. Mendelzon时间检验奖,ACM PODS十年最佳论文奖(2010和2015),ACM SIGMOD(2017)、VLDB(2010)和ICDE(2007)最佳论文奖。

樊文飞长期从事大数据、数据库理论和系统的研究。英国皇家学会称,"他规范了大数据查询问题,提出了全新的大数据计算方法,突破了传统数据库系统的局限""对数据质量领域做出开拓性贡献并在工业界产生广泛影响""推动了半结构化数据的研究"。他创立大数据计算易解类理论,奠定了大数据复杂性研究的基础;实现图算法的自动并行化,简化了大规模图计算程序设计、调试和分析;提出有限资源下的大数据可计算理论与方法,为资源受限用户实现大数据分析提供了基础。他重构了数据质量五个核心问题的理论,提出的一系列数据清洗技术大幅提高了语义错误处理能力,并首次为关键数据修复提供了正确性保证。他开辟了半结构化数据约束研究领域,其定义的可扩展标记语言(XML)的约束语言被纳入万维网联盟(W3C)标准,并建立了推理系统,对Web数据管理产生了深远影响。他是国际上囊括了数据库理论与系统顶级会议最佳论文或时间检验奖的两位学者之一,被誉为"极少数在数据库理论及系统两方面都做出突破性贡献的世界级科学家之一"。

大　数　据
——挑战和机遇

国轩高科第11届科技大会

大数据已经成为国家数字经济发展的关键生产要素。据统计,中国的数据产生量已经超越美国,预计2025年中国的数据产生量将是美国的1.6倍,而美国的数字产业市场规模是中国的3倍左右,大数据计算已经成为国际竞争的核心能力,中国大数据分析市场发展潜力巨大。

大数据具有"5V"特征(图1):第一,数据规模庞大(Volume),据国际数据公司(IDC)预测,2025年全球数据将增至175 ZB(Zettabyte),1 ZB数据量的规模有多大?例如,时长1.5 h的高清电影大小约为4 GB,而1 ZB的数据量相当于存储了2700多亿部高清电影,如果要将这些电影全部播放一遍,需要4700多万年。第二,数据种类繁多(Variety),大数据的价值来自于不同数据源的整合,而不同数据源有多种不同模式,比如关系数据和图数据等,需要进行跨模分析。第三,数据变化频繁(Velocity),例如2020年"双十一"订单每秒达到了58.3万笔。第四,数据的真实性(Veracity),据Gartner

Volume 规模庞大	■数据总量呈指数级增长,采集、存储和计算的数据量非常庞大 ■IDC预测,全球数据圈2025年将增至175 ZB	2025年全球数据量超175 ZB
Variety 种类繁多	■80%数据是非结构化和半结构化数据 ■跨模分析(关系数据、图结构数据等)成未来趋势	1 ZB有多大? 时长1.5 h的高清电影大小约4 GB, 1 PB=10^6 GB, 1 ZB=10^6 PB。 大数据1 ZB的数据量,相当于存储2700多亿部高清电影;如果将电影全部播放一遍,需要4700多万年
Velocity 变化频繁	■2020年"双十一"订单:58.3万笔/秒 ■大数据业务要求实时分析,立竿见影而非事后见效	
Veracity 真实性	■数据的准确性和可信赖度,即数据质量 ■Gartner:脏数据每年给每家公司平均造成1500万美元的损失	
Value 价值密度低	■单位数据的价值密度低,但聚合后的大数据价值惊人 ■剑桥分析挖掘网民关联关系,影响2016年美国大选	

图1　大数据的"5V"特征

公司2018年统计显示,脏数据每年给美国每家公司平均造成1500万美元的损失。虽然中国没有此方面的统计数字,但该数字定不小。第五,数据的价值密度低(Value),大数据的价值还有很大的潜力和可以挖掘的空间。"5V"既是大数据的特征,也是大数据技术面临的挑战。

大数据价值有好有坏。好的方面众所周知,大数据在疫情防控中被广泛应用,比如流调。一体两面,也有很多影响恶劣的事例。例如,英国一家公司Cambridge Analytica拿到了脸书(Facebook)7500万用户的数据,并借此影响了"美国大选""英国脱欧""希腊大选"和"意大利大选"等事件。很多大公司利用客户隐私数据大举牟利。但是,大数据分析的作用和价值不可忽略。

目前,国内的大数据企业在现有国际大数据产业地图中逐渐崭露头角,但是主要聚集在互联网经济、互联网金融领域,在分析技术和应用领域方面的国际影响力远远不足。虽然从事大数据应用的企业较多,但是掌握关键性技术的企业偏少。尤其是在传统的制造业领域,大数据的应用情况乏善可陈,少有成功的案例。从国内大数据行业的发展来看,整体欠缺核心技术。

例如,数据库系统是进行数据管理的底层软件。根据赛迪统计显示,在国内数据库市场,80%的数据库系统是国外产品。比如美国的Oracle公司,仅其一家占比便高达48.5%。而国内的自研系统90%以上基于西方的开源软件,主要是美国的MySQL系统和Postgre系统。

深圳计算科学研究院在大数据方面做了一些探究。首先,团队在基础理论方面做了一些探讨,例如在大数据计算复杂性、有界计算、数据规模、并行计算、增量计算、数据变化的关联关系、数据价值、数据质量、数据种类等方面,得出了一些自研理论。基于这些理论,开发了三套系统,其一是崖山数据库系统(Yashan DB),这是核心代码100%全自研的数据库系统,能支持大数据计算和事务性分析。其二是采石矶数据质量系统。在国外,还没有出现能像Oracle数据库系统这样"垄断"的系统。这方面团队推出的采石矶系统目前处于国际领先水平,后面会简单介绍。其三是团队和国轩高科合作最紧密的钓鱼城系统——一个数据分析系统,用来发掘大数据的核心价值,已经应用于国轩高科的制造业方面。目前这些系统在金融、电信、能源、交通等应用行业,已经进行了PoC(Proof of Concept)测试,而且效果很好。这些系统是基于团队15年左右的原创理论研究,10年左右的核心技术研究和5年左右的系统研制工作得来的。

崖山数据库系统是团队全自研的一套系统,目标是综合Oracle的数据库管理系统

(DB)和数据仓库产品(Snowflake)的能力。它是一个HTAP系统,代表数据库系统发展的趋势,团队力图能够综合二者的能力,实现一套全自研的数据库系统。目前核心代码已有42万多行,全部从零开始构建,且全部的核心代码为100%自研。工程团队的实力非常强,其中四五十名核心工程人员具有10年以上从事数据库系统的研发经验。

崖山数据库系统的目标是要在所有的场景中替代Oracle,而且能够在某些关键的功能和性能方面超越Oracle。例如,在崖山数据库系统的结构和核心理论中,有一个关于大数据分析的有界计算,好比计算一个函数Q时,数据集D很大,但这时并不需要去检查所有的数据,可以根据计算的特征,发现具体需要哪部分数据。可以将这部分数据称作D_Q,它可能是D很小的一部分,只需要获取这个很小的部分——有界部分,并做D_Q进行计算,也就是在某种意义上把大数据变小。这个特征是什么?假设做D_Q计算时,计算的复杂性和开销与整体的数据量无关,就可以在有限资源下进行大数据计算。另一个是数据驱动的有界近似计算。这个概念跟相机的内存卡一样,内存大,存储的像素会高一些;内存小,存储的像素就会低一些。但最终系统都会给出一个近似的结果。系统能做到在有限资源的假设下,保证在有限时间之内提供一些近似解,做到每个近似解都存在一个对应的精确解,并将它们的误差控制在一定范围内。而且每个精确解都存在一个对应的近似解,使得它们之间的差距也被控制在一定范围内。也就是说,每个近似解都是有价值的,而且每个精确解都被一个近似解控制在误差范围内。根据这两个理论,崖山数据库系统可以在有限的资源下进行大数据分析,分别是精确解有界计算和近似解。目前已经在一家世界500强的企业做了验证,通信查询数据速度最低可以提高25倍,高达5个数量级,并且获得了英国皇家学会Wolfson研究贡献奖。Oracle目前还无法给某些环境下的大数据复杂计算提供理论基础。

此外,跨模计算问题在数据库理论界,被认为是困扰学术界40多年的未解问题。具体是指如何把数据结构化,如何将表格数据和半结构化数据、图数据等方面做统一查询。假设一个银行说要推销产品给杰米,想判断能不能向杰米推销理财产品时,要先进行调查:第一,杰米的信用历史好不好;第二,是不是有一个人叫艾达,和杰米在同样价格下买过三个理财产品,而且艾达已经买了新的产品。如果调查结果都符合要求,就可以把新的理财产品推荐给杰米。这个查询需要跨模,一个是标准的关系数据库,另一个是图数据,实际就是事务图(Transaction Traph)。在传统计算中,需要在关系数据里做一步查询,然后跳转到另一个图数据计算系统里面做进一步查询,再把两步数据进行组合,速度慢,开销大(图2)。

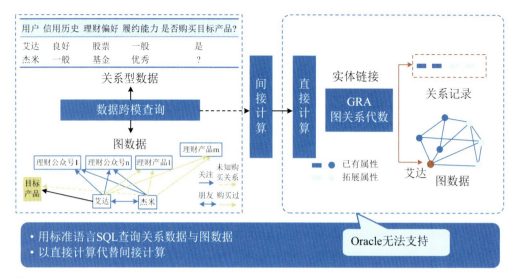

图2 崖山DB：全自研的HTAP系统，真正实现国产化替代

团队提出了一套跨模计算理论，实际上是用结构化查询语言(SQL，标准的关系数据库查询语言)同时查询关系数据和图数据，不仅速度很快，精度也非常高，这是Oracle目前无法支持的。也就是说，基于这些自研理论，团队开发了自研的混合事物分析处理(HTAP)系统，结合了事务性和分析性，目标是在不同场景下实现国产化替代。

系统方面，团队做了一些PoC，测试了深圳燃气15个典型业务场景，崖山数据库系统的性能在其13个场景中已经超越了Oracle系统，且超越的幅度较大，最高超过了8倍。在其他的2个场景下，系统性能和Oracle持平。这个结果给予了团队自信和经验，以上介绍的就是团队推出的数据库系统，是在数据的量和数据的多样性方面所做的探索和系统研发(表1)。

第二个是数据质量系统——采石矶。采石矶是团队自研的数据库质量系统。在学术界、工业界中，数据质量是大数据"5V"特征中最具挑战性的一点。现实中的数据经常是有错误的，据统计，世界前500强的公司有20%～25%的数据都是有错的，因此造成了非常大的损失。例如，前几年西方经济学家认为希腊的经济无可救药，但后来证明该结论是不对的。这是因为使用了一些不完整的数据，所以才做出了错误的结论。此外，大多数人认为美国的"头号杀手"是交通事故，每年有46000多人死于交通事故，但其实"头号杀手"是错误的医疗数据。美国每年平均98000人死于医疗事故，而很大一部分医疗事故是由于医疗数据的错误。美国媒体曾报道过一个事例，一位老年妇女因为姓名拼写错误，导致血液供应延误而去世，而实际上这种数据事故屡见不鲜。

表1 真实业务场景测试

SQL	Mysql(ms)	YashanDB-TP(ms)	Oracle(ms)	Mysq/TP	Oracle/TP
SQL1	33	7	31	1.4	1.3
SQL2	258968	107063	253601	2.4	2.4
SQL3	203078	100389	102189	2	1
SQL4	304824	69527	372509	4.4	5.4
SQL5	947	101	238	9.4	2.4
SQL6	3079	2917	4185	1.1	1.4
SQL7	311	240	2119	1.3	8.8
SQL8	3689	938	2794	3.9	3
SQL9	999999	95192	523769		5.5
SQL10	350	112	216	3.1	1.9
SQL11	3094	2533	3396	1.2	1.3
SQL12	318	25	73	12.7	2.9
SQL13	12092	196	459	61.7	2.3
SQL14	2119	67	69	31.6	1
SQL15	65	48	51	1.4	1.1

在数据质量方面，采石矶系统处于国际领先水平。数据质量有5个核心问题，分别是完整性、一致性、时效性、准确性、实体识别。这方面的理论模型和底层的核心技术基本是团队引领国际学术界定义的。最近做了一些新的探讨，比如将逻辑规则和机器学习统一在一起，既可以把现有的机器学习模型作为"谓词"，插入到采石矶系统中去，也可以用逻辑规则来实现解释机器学习的预测，还可以实现去重和数据的一致性查错。一般来讲，国际上通用的系统分成两个不同的部分来完成，但因为这两个部分互相影响，所以团队在系统里进行了一体化处理，使精度大幅提高。

团队在国际上获得了关于数据质量方面的一系列奖项。国际上一般通用的系统大多是基于近似修复的，可能会导致本该修复的错误没有修改，却又引用了新的错误。而采石矶系统虽然不一定能修复所有的错误，但是能保证每一次修复是100%正确的。希望系统能在工业界得到一些应用。

据悉，传统制造领域的数据质量也不是很高。国际商业机器公司（IBM）公司统计显示，脏数据仅在2016年就给美国的企业和政府造成了3.1万亿美元的损失。

此外，目前国际上虽然没有一个公认最好的系统，但是亚马逊的Glue系统被公认较为领先。研究团队将采石矶系统与其对标,结果采石矶系统在维度功能、性能、准确性各方面均远远超过Glue系统,所以可以认为采石矶系统现在处于国际领先水平(图3)。

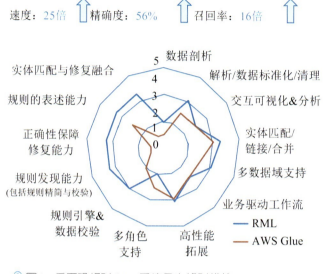

图3 采石矶相对Glue系统具有绝对优势

关于大数据的价值可用性方面,团队基于自研理论,研发了一套钓鱼城系统。它可以帮助大数据分析找到数据的潜在价值、因果关系和关联关系,是一套全智能(AI)系统。目前大家说起AI,尤其是媒体,其实都有些误解。大家通常认为机器学习就是AI,其实是不正确的。20世纪60年代AI刚刚兴起,自成为学科以来一直分为两个方向:一个是逻辑方向,基于逻辑规则;另一个是统计方向,也就是所谓的机器学习。一直到2005年,占主流的是逻辑流派,2005年以后因为算力的提升以及数据量的增大,统计学派(也就是机器学习学派)才逐渐占据主流。但机器学习学派有一些本质弱点,比如其结果是无法解释的,也就是无法保证精确性。逻辑流派得到的结果是比较精确的,而且可以解释,但是在很多方面要更难,尤其是在发现有效的规则方面。采石矶系统则是把逻辑规则和机器学习完整地结合在一个统一框架下,以此实现了大数据的价值。

下面将其中原理进行简要说明:将一个简单的规则X→Y作为逻辑规则,如果条件X满足,那么Y条件一定会满足,这叫前提和结果。系统在关系图里面将规则定义为一个图的模式和X→Y,其中图模式连接了相关的实体;在X里以前是逻辑谓词,但是在钓鱼城系统里可以加入一些机器学习模型,也就是用机器学习模型判断两个实体之间有没有关联关系,如果关联关系足够强,那么它的布尔值(Boolean value),即逻辑值就是正确的,否则就是错误的。这样就可以插入现有的机器学习模型,即插即用,在统一的逻辑框架下,将其作为逻辑谓词来使用。而且假设将预测的结果作为机器学习模型的谓词,与它相关的逻辑条件其实就解释了为什么机器学习模型能预测这些值成立,这是一个大致的概念。

团队将开创的这个领域称为图数据约束理论,目标是能够加入机器学习的普适性,且有逻辑来提供可解释性。之后团队又提出了具有时效性的事件预测、自动并行化理论等,也在国际上获得了一些大奖。从理论方面来看,钓鱼城系统具有国际领先水平,目前为止还没有一个可以对标的产品。

为什么需要把逻辑规则和机器学习放在一个统一框架下？如下是为三大运营商之一的企业所做的案例。运营商在某些地区经常遭受因携号转网而带来的损失,每年大概会有10%的客户携号转网。他们做了很多工作以保住这些客户,防止客户流失。以前采用的方法是机器学习模型,模型可以发现一些潜在的风险用户,判断出这些用户可能会携号转网,但是不能给出具体原因。所以运营商要挽留这些客户的手段非常有限,只能提供一些优惠方案。钓鱼城系统能预测到哪些客户可能会携号转网,并且给出来这些人可能会走的原因。例如其中一个原因是一些用户认为运营商的电话服务不好。运营商最初只知道用户经常会打投诉电话,所以这方面的服务质量很高,但是不知道还有几个号码也是用户经常使用的。还有消费者权益、越级投诉等,这些方面的服务质量也并不高。所以如果用户用这些号码打了投诉电话后得不到相应的服务,就可能造成用户流失。系统将这些情况告知运营商后,运营商加强了相应方面的服务,避免了部分用户流失。

还有一个案例是与基站的覆盖强度相关。一些基站在部分小区里的覆盖强度不强,运营商以前用巡视车在外面查询时是观察不到这些的,但如果在小区长期居住就会经常发现基地覆盖的强度不够。团队会告知运营商具体哪些基站覆盖的强度不够,因而造成了客户流失。运营商便会采取相应措施,来防止这批客户流失。

还有一个比较有趣的案例,经常有一些中小学生会被停号处理,需要父母带着他们拿着身份证到运营商营业厅进行解锁来恢复号码。出现此情况的原因是什么？系统发现这些中小学生一般是在晚上和周末使用电话,而这种模式正好和电信诈骗的模式比较相似,所以常会被误解为是在进行电信诈骗,所以将其停号了。团队也将此事告知了运营商，促使运营商采取了相应措施。

所以通过使用钓鱼城系统，不但可以发现哪些可能是风险用户，而且还会解释为什么这些人会成为风险用户，为运营商提供了一些解决风险问题的方法，而目前这些是机器学习统计模型无法解释的。这就是为什么需要把逻辑规则和机器学习结合在一个统一的框架下。

关于动力电池制造，据我所知有一个化成分容的工序：需要把电芯充电再放电，来判断电池的容量。前一段时间，国轩高科试用了钓鱼城系统。现在可以不用在完全充放电的情况下完成分容工作。例如以前分容过程需要14 h，现在只要4 h，系统通过这4 h充放电得到的一些数据做分析，就可以判断出电池的容量。在用4 h替代14 h的情况下，系统目前的误差率已经低于千分之一，实际上做到了万分之六，远高于检测精度。团队人员并没有电池制造的专业知识，只是通过系统分析，就可以将数据提取出来并加以分析。而且现在的分容全周期大概只有原长的四分之一，可以大大提高产能和流水线的效率，减少能源消耗。最近团队还给另一家大型电池制造厂家做了一个测试，误差率也达到了千分之一。

大数据分析其实在传统制造业领域少有成功的案例。团队在国轩高科和另外两家电池制造商使用了钓鱼城系统所做的大数据分析，提供了屈指可数的成功案例。希望团队研发的系统和分析方法，能够在传统工艺的优化方面起到更大的作用。

一个比较偶然的机会下，团队做了一些生物制药方面的测试。这里需要强调下，团队里没有人懂生物制药。众所周知，新药的研发周期很长。据国际统计数据显示，一个新药的研发用时大约是10~15年，每年平均开销大约是26亿美元，而且成功率很低，在9%左右，所以国内很少有自研的新药。新药研发中的一步是靶向识别，例如针对一个疾病，需要识别出哪些基因、哪些路径、哪些药物与其存在潜在关系。目前在计算生物学方面的一些尝试采用的是机器学习的方法，确实起到了部分效果。但是同样存在问题，就是不可解释，而且需要进行训练，耗时长，资金量大。在这方面，团队通过钓鱼城系统做了一个尝试，当时合作方提供了一些在某些疾病方面已知的相关药物，使用钓鱼城系统后发现：11个相关的药物中有10个已经进入临床测试，或者已经尝试过因结果不成功就被暂停了，所以系统的准确率非常高。剩下一个药物还没有人发现，目前合作团队正在针对这个靶向研究新药。第二轮做了帕金森方面的药物研究，发现其中4个药物已经在美国药厂管线的不同阶段做验证，有1个药物进入了临床二期,有3个药物分别是已经暂停、被认为有副作用,还有1个药物是生物学家还没有发现的,现在合作方也在做这方面的实验。团队最近一期做的PoC,是与深圳湾实验室合作的。团队告知了一个结果后,深圳湾实验室发现当月《自然》杂志就发表了一篇此方面的论文。据此可见,运用数据分析的方法,可以在科学发现领域起到很大的作用,而且可以提供可解释性,与传统的机器学习方法相比具有很大的优越性。我们希望钓鱼城系统可以大大缩短药物研发的周期和节省成本,让更多人用上有效的新药。

丁 汉

中国科学院院士，华中科技大学教授

长期从事机器人与数字制造理论与技术的研究，将机器人学和制造技术相结合；在工业机器人领域，建立了机器人运动和操作规划理论和方法，突破了机器人离线编程与作业系统关键技术，在汽车制造行业得到持续应用；建立了复杂曲面宽行加工理论，揭示了刀具"空间运动-包络成形-加工误差"间的微分传递规律，提出了高速加工稳定性分析的全离散法，突破了叶轮叶片数字化、智能化加工技术瓶颈，研制了自主知识产权的工艺软件Turbo Works，形成了叶盘叶片高效、高精加工成套工艺解决方案，在中国航发（中国航空发动机集团有限公司）多家企业得到成功应用；研制了大叶片机器人"测量-操作-加工"(3M)一体化磨抛系统，在中国中车集团有限公司、中国航空工业集团有限公司得到重要应用，取得显著的经济效益。

出版学术专著4部，发表SCI刊物论文260余篇，获得国家自然科学二等奖1项，国家教学成果一等奖1项，国家科技进步二等奖2项、三等奖1项。

智能制造牵引制造业高质量发展

国轩高科第11届科技大会

 智能制造技术概览

智能制造为我国制造业的跨越发展提供了一个机遇,在我国从制造大国走向制造强国战略目标的转变过程中,智能制造扮演了非常重要的角色。但智能制造的概念非常宽泛,涉及机器人技术、网络技术、通信技术、人工智能技术、制造工艺等。进一步概括,可以说数字制造是基础,机器人扮演重要角色,人工智能和工业互联网是重要的翅膀,所以未来是"智"造未来。智能制造的科技内涵实质上是怎么样把人类的智慧物化在制造过程中组成一个人机合作系统,希望能够代替人类专家在制造过程中的脑力活动,提高制造装备和系统的适应性和自治性。因此,智能制造的几大技术可以共同推动我国制造业转型升级,我认为其中比较关键的技术是机器人。

智能制造的研究范围非常广泛,"中国制造2025"的核心就是智能制造,其中产品智能化是最重要的。例如,电动汽车自动驾驶最核心的部分就是以产品驱动创新。产品智能化涉及几个关键技术,包括人机交互、主动感知、自主决策和精准执行。未来智能产品将无处不在,所以智能制造的目标应该是产品智能化。同时,智能制造的工艺智能化,即整个过程能够实时感知、自主调控,核心是满足品质的一致性要求,也就是要高质量地制造出产品。另外就是装备的智能化,即装备能够适应一些非结构化的环境。当然高品质制造是我们未来的必然选择,但是智能装备的要求相对更高,希望通过工况的在线感知、工艺知识自主学习、工艺过程持续优化、装备自律执行大闭环过程来提升装备的性能。大家了解较多的可能是制造系统的智能化。我国工信部很多项目都是推动智能化改造,例如数字化车间,目标是敏捷响应、高质高效、个性定制、绿色健康和舒适性,特点是全面互联、虚实融合、数据驱动、智能决策和全局优化。

数字制造是智能制造的基础,产品开发、控制技术以及协同技术都离不开数字制造。因此,只有数字制造提供了基础,智能制造才有发展的动力。智能制造的关键技术是机器人技术,机器人相当于智能制造的四肢。智能制造的核心目标是走向人机共融。机器人是从其和零件的简单交互发展到比较复杂的交互的,最早是模仿人类的外形,慢慢到模仿人类的智力,最后模仿人类群体的社会组织。机器人在未来10～20年应该会有很好的发展机遇,人类对机器人共融度的追求也在不断提升。工业互联网有几个非常重要的技术,包括传感器、大数据和人工智能,这些技术可以助推产品创新、制造技术创新和产品模式创新。因此,加快工业互联网发展意义重大。

数字化技术——智能制造的基础"架构"

数字化制造实际上是智能制造的基础框架,数字化制造的核心是在过程中用到建模、仿真和控制,使制造技术由以前的经验试凑向定量计算模式改变,所以数字化制造是一个制造模式的巨大变革。数字制造的本质在于综合运用信息与计算技术、多学科联合仿真方法和科学实验手段,对制造过程中的复杂物理行为和信息演变过程进行数字化建模、仿真与优化控制,从而实现对制造过程和产品性能的预测和有效控制,增强制造系统的可维护性和制造信息的可重用性,所以数字化是非常重要的基本手段。

数字信息贯穿数字化制造过程,无论是测量还是数字模型的数控加工,核心都是数字信息。具备数字化信息之后,就能够实现测量、建模、评定和加工的一体化。数字制造一个最大的核心问题,就是未来如何引入这些新的技术,使我们的经验、工艺走向数字制造工艺,这对未来我国制造业转型升级是非常重要的。为了迎合这一挑战,2018年华中科技大学经工信部批准成立了国家数字化设计与制造创新中心(简称"国创中心"),中心建成三年来,在同行间产生了比较大的影响。推动我国企业实行转型升级的基础是实现企业生产与管理的数字化。国创中心的主要目的,是希望能够为大国重器的高效、高品质制造提供核心的工艺软件和工艺装备。国创中心有四五家行业的龙头单位担任股东,包括吉利汽车等,同时汇聚了国内排名前十的高校人才,李培根院士担任联盟理事长,本人担任董事长,希望能够为我国数字化转型提供有利支撑。我国在未来很长时间内,可能10年或者20年,还是会在数字化与智能化并程中进行发展,可能会出现数字化智能化的1.0、2.0和3.0版本。国创中心瞄准航空发动机和航天飞行器,同时也十分关注新能源汽车,和很多新能源汽车企业建立了联系。国创中心最核心的是通过数字化设计、数字化场景、数字化加工,使整个学科的生态链以及智能设计的生态链得以形成,最后实现我国2035年数字化智能化3.0版本,这是国创中心的战略目标。

机器人技术——智能制造的运动"四肢"

我国未来制造业发展所面临的突出问题是劳动力紧缺、劳动力成本上升,因此我国机器人技术快速发展的临界点已经到来。机器人技术的发展主要取决于制造模式的变革。最早机器人多被利用在搬运、喷涂、焊接等重复性强、精度要求低、智能性需求弱的领域,但未来机器人技术可能在灵巧操作以及非结构化环境中取得较大突破,从而带来行业的飞速发展和进步。

20世纪最伟大的一个成就是机器人技术和汽车制造的结合,造就了世界上技术密集程度最高的产品,这是造福于人类制造业的标志性成果。未来的10~30年,人工智能的深度融合会赋能一些新群体智能、环境适应和人机交互技术,所以从21世纪到22世纪,人工智能深度融合是非常重要的一个发展方向。机器人在汽车领域应用起到的主要作用是大幅提升生产效率,大幅降低制造成本。未来新能源汽车领域机器人的影响力也会不断增加。

新一代的机器人已经逐步改变,它不一定是纯刚性机器人,可能是刚柔软耦合的机器人,也可能是多模态感知、分布式控制的机器人,所以我国提出下一代机器人是"人-机-环境"共融的机器人,国际上也承认中国学者提出的共融机器人说法,并以共融机器人作为机器人未来的发展方向,因此不存在机器人取代人,而是人发挥人的优势,机器发挥机器的优势。实现人机共融才是未来机器人行业重要的发展方向。共融是一个趋势,具体是指机器人与环境共融、与人共融、与其他机器人共融,共融的结果是带来制造模式的变革。机器人可以实现大型构件制造模式的变革;也可以实现康复方式的变革,实现人机共融、助老助残;机器人也会带来协作方式的变革,实现无人机-无人艇协同等。例如,在现代战争中,无人机的影响力是非常大的,每个无人机带一个摄像头,基本上战场态势都透明化了;同时机器人也会发生形态变革,出现柔软体、类生命体,因此本人认为共融机器人将会为制造业的发展带来巨大变革。

我们做了现场工作调研,发现以前都是一些非常有经验的工人师傅磨叶片,现在这样的工人师傅很难找到了,基本都替代为机器人磨叶片。现在我们已经实现了航空发动机叶片的磨抛加工(图1)。另外,最近我们研发了机器人绕线打结。这项功能技术实现以后,将对汽车轮胎的生产带来一个质的变化,将大大提升生产效率。未来绕线打结能不能实现穿针引线,这也是我们关注的问题。每个机器人的能力突破都会给行业带来改变,为行业降低成本、提高效率以及保证生产质量。在机器人的皮肤方面,最近我们团队正在和德国KUKA公司合作,研究如何在工业现场进行人机交互以及建立安全保障。

航空发动机叶片全数字机器人磨抛系统
完全自主知识产权

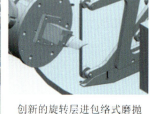
创新的旋转层进包络式磨抛
柔韧砂带高阶切触、叶缘曲面包络式
横纵向混合磨抛路径生成

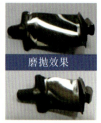
磨抛效果

授权专利:ZL201930586715.3;ZL201910451261.8;ZL201910451250X;ZL201910450834.5;ZL201910434662.2等

图1 航空发动机叶片机器人磨抛
研制了"原位测量-力磨抛"机器人加工系统,提出了航空发动机叶片包括随形磨削工艺,实现了叶片轮廓精度测量、表面质量评定和自适应加工。

大数据与人工智能技术——助飞智能制造的"翅膀"

大数据和人工智能是智能制造助飞的翅膀,未来车间非常复杂、信息量非常多。在此情况下,工厂是否能够把车间的所有信息进行分析、预测,智能优化资源配置,这对企业来说是一个非常重要的问题。我们对此进行了研究,包括如何在虚拟空间里对信息物理系统进行建模?如何挖掘各个子系统之间的联系?针对车间的大量数据如何进行在线监测?例如简单刀具的在线磨损预测,成都飞机工业有限责任公司依据型号设计的新型刀具,可以实现磨损量在线监测、预测和分析,这就是如何利用数据去赋能,使数据能够为你所用。基于锂电池实时个性化健康评估,我们搭建电池的健康评估系统是非常重要的,因为电池是最容易实现数字化的,其中有很多的科学问题在于如何进行数据生命预测?电池的个性化健康怎么评估?我们与人工智能迁移学习框架开发了一套算法，也在国际上发表了一些文章，主要目的是将健康状态的误差尽可能缩小，将剩余寿命的误差尽可能缩小，促进锂电行业的智能化发展，团队中有一些博士生正在开发利用学习框架为用户定制个性化的电池健康评估方案。

智能制造技术应用案例

下面给大家报告一下我们已经开展的一些应用案例。在数字化、智能化转型过程中，有两个问题比较重要：一是要突破数字化、智能化关键技术，支撑产业链自主可控，掌握核心技术。二是发展数字化、智能化集成能力，推动企业"智转数改"。关于第一点最核心的问题是要有关键技术，目前我们的关键技术与国际上先进技术还有差距，很多场合还在使用国外的技术，但我们有集成能力，二者是相辅相成的。所以经过多年研究，我们在国产自主可控的工业软件领域已具备关键技术，例如航空发动机叶盘加工，我们已经做到了自主可控，与国外水平相当，甚至在某些方面还形成了自己的特色，为我国航空发动机的加工环节提供了理论支撑。在企业中，我们使用比较多的工业软件目前主要依赖于国外进口，因此我们一定要有自己的软件，有了自己的软件，才能积累知识，才能将我们的技术应用进去，才能提升水平。所以企业核心竞争力中一定要有自主可控的工业软件，有了工业软件，才能不断优化经验，从而打破国外垄断。目前，国产的 Turbo Works 软件在国内行业中产生了比较大的影响。

此外，测量设备也基本依赖国外进口，但我们经过近十年的研究，已经成功研制了叶片测量机，其性能和国外机器相当。实际上，高端的设备研发就是要花十年的时间，埋头苦干、反复迭代，在企业中测试应用。我们的设备也获得了德国最高精度的等级认证。最近航空发动机可能要使用自主可控的测量设备，因为如果测量机都是国外的，那我们所有的指标人家都会知道，因此测量机的自主研发是非常重要的。

黄云辉团队目前在研究新能源电池的无损智能诊断系统。它的关键技术在于通过超声对电池包进行检测，这项研究在国际上已经得到了很多奖项，并且也在相关的龙头企业得以应用。经过这段时间的研究，黄云辉团队已经研发出高精度的电池超声无损成像系统，目前正在开发产线级高速电池质量检测系统。如果可以实现产线全检，将大大提升电池的制造质量。孙琪真团队在研究如何利用特种传感光纤提供感知能力，即如何通过特种光纤获取信息。未来传感光纤超声技术对制造业，尤其对电池的智能化研发来说是非常重要的，但还需要进一步与产业结合。一个新的技术要与产业紧密结合,才能达到预期的效果。

另外,我们正在做8K金属镜面抛光,以前我们所有的抛光都是利用化学抛光,现在可以通过机器人实现8K镜面抛光,促进环保,对环境更友好。我们目前还在研究的数字化测量设备,比如给飞机、汽车做全向移动机器人自动化测量系统,通过绕飞机一圈,就可以测出飞机全部的几何数据。此外,我们也在研究大数据与人工智能算法平台如何真正在工业界产生效果。

在数字化、智能化转型过程中,第二个比较重要的问题就是要发展数字化、智能化集成能力,主要是运用一些成熟的关键技术进行系统集成。例如新能源客车,以前电动大客车都是人工打磨的,我们机器人的打磨系统已经在中国中车时代电动汽车股份有限公司做了应用,并入围2018年"中国智能制造十大科技进展"。目前我们正在给青岛四方高铁的白色车身打磨,以前白色车身打磨工作都是依赖工人开展,现场工作环境非常恶劣,我们的工作已经在青岛进行了示范应用,也得到国家重点研发两期项目支持。此外,我们给上海电气集团股份有限公司(简称上海中气)做了发电机转子线圈智能制造生产线。这条生产线填补了国内该类装备的空白,该技术也入选了2021年"中国智能制造十大科技进展"。

同时,我们在汽车领域研发了发动机缸体上下料及视觉检测机器人,家电行业的主要核心技术是机器人手眼系统,所有地方都有一个眼睛,但是如何将机器人视觉和自动导航机器人调度系统进行协调,就需要视觉导引机器人的柔性化操作,这项技术已经应用于汽车主机厂、零部件以及家用电器等制造领域。此外发动机缸体的生产线,也已经在哈斯、德马克等数控机床进行应用,实现了长城汽车发动机的油底壳、正时罩壳加工的全自动化,其核心技术还是视觉导引机器人装备。我们也进行了发动机泄漏检测设备的研究,汽车自车身激光雷达测量技术已经比较成熟,并且在中国一汽、天津丰田、蔚来、小鹏等汽车上实现了应用。

我们在一汽解放公司无锡柴油机厂(简称一汽锡柴)做了一个数字化车间,根据其现场情况进行了智能化的升级改造,其主要目的是满足低成本、高效率和个性化的市场需求。一汽锡柴进行了系统升级改造后,其产能成本、物流准确率以及产品良率都得到了较好改善,所以数字化转型的未来趋势是不可逆转的,它能够给企业带来更低的生产成本、更高的制造质量,实现能耗的有效降低。另外,团队为富士康、上海航天等公司建造的数字化车间,给中车四方公司打造的自动化终端,与凯龙高科公司建立的战略合作,都很好地支持了企业数字化转型。总而言之,我们通过数字化、智能化的技术和行业龙头企业进行了全面合作,承担了很多国家级智能制造示范项目以及新模式项目,积累了丰富的"智转数改"的案例,团队在数字化、智能化的研究队伍中处于国内第一方阵。

智能制造应用展望

我个人认为未来车间将会更加复杂,大数据驱动的复杂机理建模将会是企业未来面临的一个重大挑战。如何从数据中提炼机理模型赋能行业？如何将上下游的工业耦合优化提高产品质量？面对多元异构的大数据如何通过智能算法把质量提升上去？这些都是未来要面临的挑战。所以未来可能需要大量的算法类工程师。没有算法的发展,产品的性能和质量的提升就会遇到瓶颈。未来将会出现面向工业场景的AI芯片,例如清华大学研制的无人自行车可以通过AI算法可以实现实时显示,以及特斯拉汽车的无人驾驶系统等。未来面向各种工业场景的AI芯片研究也是非常有前景的。

另外还有一种方向即"能工巧匠"型机器人化装配。现在汽车行业的装配还离不开人工,未来汽车装配可能全部通过机器人实现。因此未来机器人化装备需要通过"刚-柔-软"结构变刚度控制,形成装备对工艺过程的主动顺应,实现非结构化场景下机器人自动化装配,即提高机器人在线决策能力,真正在装配上替代人工。未来飞机数字化装配如何能够实现无人化？焊接和喷漆都是简单的工作,装配现场可能需要一些能工巧匠型机器人,通过人工智能传感器,实现非结构化场景下的机器人智能装备,这将极大节约装配时间,提高装配质量,降低装配成本。目前装配现场还需要大量工人,未来非结构化场景下的数字化装配将是一个重要方向。

总而言之,我们未来的使命是支撑提升"中国制造"的品质,以及"中国创造"的影响力和竞争力,为保障国家安全、实施重大工程提供核心工艺和装备技术,促进产业节能、节资、高效、环境友好型产业变革与可持续发展,创造服务民生的新产品,提升民众满意度和幸福感,支撑智慧社会的建设。

王启岁
国轩高科中国业务板块总裁,高级工程师

武汉理工大学博士,中国科学技术大学材料化学博士后,主要研究方向为锂离子电池正极材料及动力电池产业化。工作期间发表了学术研究论文8篇,其中2篇被SCI收录,1篇被EI收录,4篇被定为核心论文;授权了18项专利,其中14项为发明专利;参与和主导的三款电池产品通过安徽省新产品鉴定。

2014年负责推动的高性能IFP1865140方形磷酸铁锰锂电池已得到产业化应用;2015年参与了"安徽省科技攻关计划项目",负责"石墨烯的制备及其应用技术研究"项目,已经顺利完成计划,并入选成为2016年合肥市"228创新团队"核心人员之一;2016年参与国家重点研究计划新能源汽车重点专项和安徽省科技重大专项计划项目,顺利完成项目目标,并获得"合肥市领军人才"称号;2017年被合肥市授予"创新领军人才"称号;2019年被认定为安徽省第八批战略性新兴产业技术领军人才;负责的"磷酸铁锂电池迭代升级及纯电动乘用车应用"项目荣膺2019年度安徽省科学技术进步一等奖。

基于AI全生命周期的智能电池

国轩高科第11届科技大会

图1展示的是国轩高科位于合肥包河区的新总部大楼,大楼外形整体呈现天圆地方的结构特色,寓意着新能源产业无限的发展前景和进步空间。本文意在与大家分享、探讨在动力电池制造过程中,国轩高科如何从设计、制造、运营、监控、决策等环节出发,全面实现动力电池的全链、全生命周期智能化升级。

图1 国轩高科位于合肥包河区的新总部大楼

全生命周期:从电池的出生到最终回收再利用

国轩高科在生产过程、运营过程、终端售后服务以及回收的全业务场景下,只要用户愿意与国轩高科共享他们的数据生态,国轩高科的业务、产品都会处于全时段的监控之中,实现数智化服务"全智慧"覆盖。通过对数据的实时动态分析可以及时掌握电池生产过程中的质量数据,以及持续进行生产工艺的优化;在电池的服役过程中,以智能预测诊断的方式实现对产品应用安全的全天候保障。

当然,装载了AI智能动力电池的新能源车辆,用户和相关企业可以随时随地通过大数据监控平台,了解车辆的具体位置,并且将电池产品中的电池管理系统反馈的故障信号,传递信息到售后服务中心,达到问题及时反馈、车辆实时定位、故障快速解决的目的;当电池产品"寿终正寝"的时候,监控平台同样可以对退役电池进行质量分析,并且送入梯次回收阶段,实现电池从出厂到回收全过程的智能监控闭环管理。国轩高科的智能辅助决策能力已经覆盖电池从"出生"到最终回收再利用的全生命周期;具体业务能力包括从实时监控到动态分析数据,再到智能化故障诊断预测、自动生成故障解决方案。

智能设计:从材料实验数据库到仿真设计平台

要想把电池性能提升50%,关键取决于材料技术的进步,这足以说明材料技术在电池技术体系中占有至关重要的地位。国轩高科现有接近500人的团队专门做电池材料的研发设计。通过电池材料实验数据分析系统,构建材料实验大数据平台,实现对电池材料理化、表征、电性能、化成分容、安全等实验分析结果的统一存储、数据计算、分析展示和挖掘应用,提升材料研发工作效率。

目前,国轩高科已经搭建了高精度、全性能体系的电池设计研发仿真平台,100%支持常规电池包的机械性能评估,包含开发过程中刚度、模态、惯性力、震动疲劳、挤压、底部球击等各类场景模拟测试,通过对不同运行场景的高精度模拟测评,可以在产品定型后保证日后电池包装载到汽车上的安全性,并且国轩高科这款仿真平台的评估精度已达行业领先水平。

国轩高科把整个电池的制造分为12个基础工序,以设备侧软件的标准化和智能化为基础,通过应用物联网、边缘计算、交互逻辑、业务建模、数据集成及生态协同等多种先进技术,实现全产业链可视化的产品追溯能力;全流程业务持续工艺优化能力;全方位制造过程品质预警能力;全视角建模算法数据分析能力;全方位仿真多系统集成能力以及全产业链降本增效数字化管控能力,进而打造锂电行业国内领先、国际一流的全流程制造大数据工业互联网平台;打通锂离子电池端到端全流程工业互联网平台,实现设备智能化、系统智能化、产品智能化。

智能运营：构建内外和上下协同体系

锂离子电池行业区别于传统流程工业，全过程除了制造场景管控还涉及物理变化和化学变化。因此，国轩高科正在打造内外协同、上下协同和前后协同的全过程运营体系基础。国轩高科以 IT 的基础设施、自动化控制、高效的经营管理和精准安全的生产管控为基础，基于大数据的分析与预测，更加智能便捷地支撑每项决策，更好地指导实际生产和运营。

内外协同，即关注信息的全面性和系统性；利用采购管理跟踪平台、仓储物流管理平台、销售管理跟踪平台，打通与客户、供应商之间的全面协同。

上下协同，即关注经营数据的及时性和准确性；利用 ERP 系统与生产 MES 系统，将整个业务运营、生产、设备、质量的内容进行业务流程一体化的管控，实现企业的内部协同。

前后协同，即关注公司内部的业务数据的协同性，通过采购销售业务，以及内部供应链管理的数据联动集成，打通企业供应链业务流程的前后协同。

智能监控："1+2+3+N+全"解决方案

国轩高科提出"1+2+3+N+全"解决方案，其中：1 个数据中台保证数据传输与存储计算；2 项核心系统中扁鹊故障诊疗系统实现从"监控—分析—预警—处方"的全闭环处理，让监控结果有妥善的归处，数字孪生基因模型系统是从电池材料开始的全系统仿真，让结果有可靠的来由；3 大算法以"扁鹊算法""中丘算法""飞氏算法"为代表体系，融合了机器学习、深度学习等人工智能算法，贯彻集成学习的思路，吸收各种算法之所长；N 种故障下的监控诊断处理的一站式诊疗方案，诊疗方案覆盖国轩高科的全业务产品。

智能监控：电池画像知识经验的迁移与拓展

电池故障画像所包含的知识经验有机集合，不仅可以直接作用于售后维护，同时也可以迁移拓展到设计端和制造端,让海量的智慧知识经验为设计制造提升提供智能化建议,从结果出发,促进设计和制造的优化,赋智于设计和制造两端,使之实质升级为"智设"端和"智造"端,完成数智经验的全生命周期的完整落地。对于人工智能技术评估电池健康状况来讲,目前只在实验室条件下完成了对部分锂离子电池组最大储能的检验,并以此来预测电池健康状况,但还没有对电池组健康状况的另外两个指标——直流阻力和交流阻抗进行评估验证,目前该方法还未得到充分的实际应用。

智能辅助决策:智能处方推荐从"诊"到"疗"

电池故障在原理上就像是病人生病。而无论是何种工况,何种工作经历,我们都会时刻关注着他们的"健康问题"。当前有三套算法体系为他们不停地做着"体检"。扁鹊算法目前涵盖50多种各类子算法,是整个系统的基础,准确率极高。中丘算法治病于始发之时,通过40余种子算法,力求在故障特征刚刚显现、尚为雏形之时,进行预警。而飞氏算法更关注的是隐性的、不易观测、易受忽视的特征,通过AI技术,提早发现,果断干预,除病于未有形时。三种算法犹如三道壁障,层层防御,严密监控故障的发生与恶化。

智能应用:移动储能充电车

2022年5月,国轩高科创新推出移动储能充电车,开创了"储能+充电"双应用模式的先河,构建了"车-桩-人-云-电网"能源解决方案(图2):实现智能停车、智能充电、智能安防、支付安防、支付平台及信息推送于一体的生态平台,助力打造智慧园区、零碳园区和零碳智慧交通等智慧城市新基建。移动储能充电车改变了传统的车找电模式,转向实现了电找车。通过削峰填谷,减少电网负荷;通过平台集成,融入客户场景生态。移动储能充电车的特点可以总结为16个字:"可充可储、削峰填谷,无需基建、部署方便。"

图2 "车–桩–人–云–电网"能源解决方案

我们相信,只要坚持创新,坚持自信,秉承技术驱动的理念,一定会让绿色能源服务全人类,这也是国轩高科的使命。

徐嘉文

国轩高科信息工程院副院长,高级工程师

作为数智国轩高科重大专项的主理人,主持国轩高科全面数字化转型和智能技术应用相关工作,根据国轩目前的信息化、自动化水平和业务运营现状进行了针对性的总体规划、蓝图设计和变革项目矩阵构建,确立了"基座–生态–智慧"的大阶段建设路线;牵头组建能够胜任数智化转型任务的复合型研发团队,进行了业务、系统、研发、平台、技术多个层次的总体架构设计;主持基于AI工控的数智化产线管理系统建设、智慧国轩–主动型数字化供应链、AI辅助决策采购平台、制造大数据综合工作平台、大数据质量预警平台、电池寿命循环预判等一系列重大重点项目。

曾在中国电子科技集团第三十八研究所担任软件总设计师职位,工作表现优异,多次获评先进个人。担任"十三五""十四五"重点雷达项目型号主任设计师团队核心专家职位,多次收到军方用户嘉奖,作为所级创新团队核心成员完成多个重大创新预研项目的研发;被任命为所级SCBB(系统控制块基地)工作团队核心成员,牵头完成新一代雷达软件系统SCBB标准制定和设计研发。曾作为AI方向的领军人物在哈尔滨工业大学机器人集团担任人工智能所副所长兼CTO职务,作为架构师和首席技术专家主持完成多个智能化、数字化工程项目和创新技术项目,挂牌个人市级蓝领创新工作室。

锂电生产制造数智化管理调度范式研究

国轩高科第11届科技大会

新时代发展形势对锂电行业生产制造提出新要求

（一）建设数字中国、发展数字经济、推动社会智能化势在必行

习总书记在主持中央政治局第三十六次集体学习时郑重强调，做大做强数字经济，拓展经济发展新空间，并多次为推动数字经济发展做出重要指示。2020年11月3日发布的《中华人民共和国国民经济和社会发展第十四个五年规划纲要》中明确提出，我国经济社会发展重点任务之一是"打造数字经济新优势"。2021年12月12日国务院印发《"十四五"数字经济发展规划》，旨在推动我国数字经济健康发展。同阶段在大洋彼岸，2022年10月7日美国科学与技术委员会发布《先进制造业国家战略》，重点强调开发先进的智能制造技术和保持供应链的弹性。在世界范围内各个国家都在探索制造业高效能转型升级的新范式体系。锂电行业作为我国的支柱产业之一，生产制造是行业的重中之重，顺应时代发展趋势、"站在后天看明天"寻求精益转型、构建自主可控的高效能制造范式势在必行。

（二）多因素叠加，动力电池产业链、供应链正在加速重构，产业格局正在重塑

锂电行业作为制造业大家庭中较为年轻的成员，近十年来发展迅速，并且是实现"双碳"目标的重要驱动力之一。与高速发展相对应的是高度复杂的外部环境：上游基础原材料供需错配，下游客户需求波动较大，行业竞争愈演愈烈，以及新能源补贴政策退坡、持续3年的新冠疫情为代表的不可预测事件等构成的大量不确定性要素在深刻地影响着整个行业。生产制造环节作为锂电企业的价值流核心，必须要具备构建自身应对外部不确定性的能力，同时积极地谋求新技术应用，以实现降本、增效、提

质、降耗,支撑企业本身乃至全行业的高质量发展。

(三)锂电行业的产品形态、技术架构和全生命周期正在被数字技术重新定义

未来30年人类社会必将走进"万物感知、万物互联、万物智能"的数字纪元:数据成为重要的生产资料,以大数据、AI和云计算为代表的数字科学技术成为重要的生产工具,而算力、网络等将成为重要的生产力。计算机科学的使命将会转向促使自身和万物结合,构建与物理世界共生共荣的数字世界,实现人类社会的智能升级。在未来这种时代发展大潮中,"活下来"的必然是数智化企业。

计算机科学和工程领域技术的不断进步也带来了工业界软、硬件基础设施的不断进步,各行各业都开始重视软件能力的建设,以特斯拉为代表的新一代先进制造业将"软件定义汽车"的全新理念贯彻到自身产品的策划、设计、研发、制造和运维全生命周期中,从市场反馈来看他们的产品取得了巨大的成功。我们可以发现以人工智能为核心的数字技术正在颠覆整个汽车行业乃至制造业,以汽车、储能为代表的产品智能网联化对电池的产品结构和功能提出了新的要求,引发电池产品形态、技术架构和服务模式的深刻变革,与此同时,锂电池的研发、生产、制造、运营、维修保障、回收再利用等全生命周期正在与工业互联网、云计算、大数据和人工智能等数字科学领域的代表性技术深度融合。

数字化、智能化战略转型是驱动国轩高科成为行业领先智慧企业的战略选择

国轩高科自成立以来,一直保持在锂电行业乃至新能源行业的第一梯队,常年位居全球电动汽车电池装机量前10,保持连续高质量发展的良好势头,产品力、影响力高居行业前列。过去的17年里,国轩高科成绩斐然、硕果累累,充分证明国轩高科已经跻身全球动力电池和能源存储行业的领先行业。在快速发展的良好势头下,国轩高科也在一直思考如何"站在后天看明天",在马里叶曲线的最大化价值区间到来之前尽可能地贯彻绿色智慧生产制造,提升自身综合运营效能、建设整体应对易变性、不确定性、复杂性、模糊性(VUCA)环境的能力。因此,国轩高科主动进行数字化、智能化转型升级,聚焦问题、面向未来,致力于基于先进数字科学技术全面盘活存量、发展增量、孵化变量(图1)。

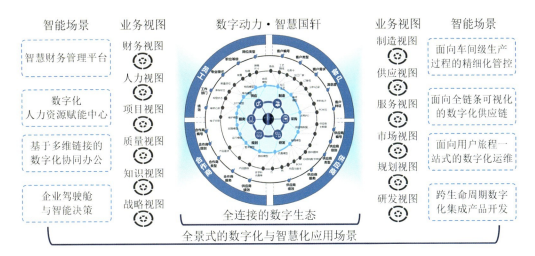

图1 国轩高科数智化生态全景图

2020年以来,在李缜董事长的带领下,国轩高科把数字化战略转型和智能化能力建设作为公司的重要业务方向,明确材料科学和数字科学是公司的发展根基,确立了数智化生产、数智化研发、数智化运营三大主攻方向。国轩高科的数智化研发团队严格贯彻董事长制定的愿景和战略,开展总体规划,设计路线蓝图,策划变革项目,进一步加强数智化建设,打通内部各环节、各要素质检以及内外部全交易链路的连接通道,并形成高度复合的数智化能力。重点工作任务聚焦在构建快速感知市场动向、提升组织反应速度、构建柔性生产模式、增强供应链韧性及自主可控能力等方向,达到使数字科学技术成为国轩高科的发展之本的目标。

锂电生产制造数智化管理调度范式的研究背景

(一) 锂电行业生产制造流程的特殊性分析

锂电行业的生产制造不同于传统的流程工业和一般意义上的离散制造业,具有一定的特殊性。以国轩高科为例,锂电池的生产制造全过程可以分为"3+1"个工段环节,其中一工段具有较为浓重的流程工业色彩,而二、三工段和PACK工段则符合离散制造业对于场景的定义要求,而国家和市场对锂离子电池产品的性能、可靠性、安全性一直会保有很高的要求,直接生搬硬套其他行业的生产制造管控范式已经被证明为行不通的技术路线。

（二）锂电行业高效能制造关键问题分析

目前，锂电行业生产制造乃至整个制造业大部分业务问题的根源在数据层面，传统的信息化、自动化"双化融合"无法提供数据和智能的能力，主要体现在四个层面：

（1）数据融合不充分。欠缺对实时数据、非结构化数据的采集处理能力，不满足全量数据汇聚需求。个别系统存在算力不足，无法有效支撑业务；个别系统存在点对点间数据交换量大的问题。现阶段内外部数据资产不完善，无法有效支撑灵活敏捷的数据分析。

（2）数据共享不足。各流程均根据自己的业务需求提取数据，存在统计口径不一致的情况，无法与其他流程的数据视图相互关联，继而形成数据孤岛。现阶段不具备企业级数据协同服务能力。

（3）数据管控能力弱。数据管控工作多层面的不健全，导致数据不一致、数据流分汇复杂、业务响应需求慢等问题频发。核心业务数据仍缺乏整体的统一规范和梳理，严重限制业务综合分析能力和数据共享能力。

（4）业务部门数据分析与应用需求响应周期长，难以满足业务人员敏捷分析需要。缺乏支撑复杂的跨业务域、数据智能相关应用的高阶分析能力。缺乏有效的工具支撑数据分析开发。

传统制造业尤其是流程工业的信息化改造的关注重点在于流程规范化、方式无纸化，而疏于对数据能力的综合建设，大量建设单点应用，应用间存在功能级重复建设，形成了大量的业务和数据"烟囱"，使得企业的运营"受制于人"，无法满足先进制造业的快速发展需求。而基于之前的建设基础进行优化、重构、转型和升级，构建新一代智能化、数字化、自动化、信息化"四化融合"的制造能力，实现确定性的任务自动化、不确定性的任务智能化才是锂电行业生产制造的发展目标。因此，以国轩为代表的先进锂电制造业建设一套自主可控的高效能数智化生产制造范式势在必行。

锂电生产制造数智化管理调度范式的设计

（一）锂电生产制造数智化管理调度的技术路线

国轩高科对自身多种规格产品的生产场景进行了全面深入地分析、研究、归纳，深入研究了各个行业的标杆灯塔、工厂案例,进行了自主可控数智化高效能生产制造管控范式的设计、构建,并且已经在部分产线上得到实际应用,形成了坚实的数字化系统研制基础,在此基础上又进行了技术路线的规划和设计。

如图2所示,为了构建具备自我迭代、进化的数智化制造能力,国轩高科创造性地提出了"系统—能力—生态"的总体技术路线作为横向蓝图。同时结合对数字科学技术研究应用的深刻理解,把经过论证的数字科学技术应用点作为纵向"探针",形成了"基座—平台—智能"的阶段蓝图和变革项目矩阵,再基于系统工程的"迭代—递增"模型,阶段内循环迭代、稳扎稳打,阶段间聚焦目标、输出成果,变革项目帮助构建数智技术群落,为国轩高科的发展提供了高经济、高可用、高可靠的技术底座。

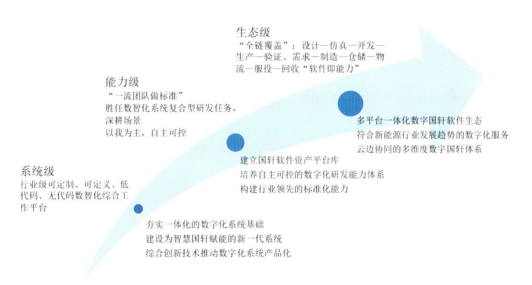

图2　国轩高科数智制造技术路线示意图

(二)锂电数智化高效能制造的核心架构

未来新型的动力和储能电池企业,为了达到智慧企业的终极发展目标,必须拥有自身以AI技术为核心的数字发展动力,通过应用高标准数字孪生、元宇宙系统技术、数据增强推演、数据机理融合推理、智能辅助决策等创新技术的聚合,在数字空间中构建与企业实际系统同步共生的数字镜像系统,并通过实时、真实的交互反馈引导其趋优进化,最终实现智慧能源生态。生产制造作为锂电企业的重中之重,也需要遵循核心架构的顶层原则和框架约束(图3)。

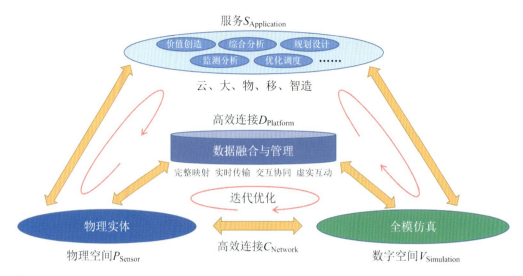

图3 数智化核心逻辑架构示意图

通过在数字空间中构建企业的数字模型并且进行实时运营,可以为企业的生产制造带来几大优势:

(1) 构建端到端的数字化生产业务流程管理能力,打通业务壁垒,使得业务过程实时可视,实现"作业即记录,记录即数据",极大提高业务执行效率,确保结果可控、问题可追溯等。

(2) 形成统一标准化的数据空间,消除数据孤岛,达到"数据产业化,产业数据化"的效果,为各项任务的执行提供实时、准确、完整的数据支撑,使数据真正成为企业的核心资产,为长远高质量发展奠定坚实基础。

(3) 洞察组织运行的作业"高能耗点",针对这些效率卡点进行基于真实数据的量化分析,建设敏捷、高效、精细化的业务能力,疏通价值流,最大化运营效率。

(4) 打通横向和纵向的组织边界,促进企业的所有资源聚合、池化并且以数字化的形式提供给所需人员,配合上智能化技术的辅助,极大地提高企业整体组织的紧凑度和任务执行效率。

(5) 在数字空间中持续运营企业的数字模型,基于全部数据资产应用智能化技术进行复盘、分析、模拟、对比和推演,指导企业不断自我优化、持续进化,在不确定的环境下构建自身多层次的确定性高效决策能力。

综上,在锂电生产制造过程中充分结合数字科学技术的各项优势、构建数字化生产制造能力,能够极大提高锂电行业生产制造的效能,实现最大化的降本增效、提质降碳。

(三)锂电生产制造数智化管控调度系统的范式设计

锂电数智化生产需要关注的要素应当从传统业务层面转换到数据视角,将生产制造过程以及上下游的所有要素进行统一分析、抽象、建模,然后将全量要素映射到数字空间中并且进行全量连接形成数智制造空间,由统一规划建设的软、硬件一体化基础设施来承载这些输出。

数智化高效能锂电制造需要关注的关键要素如图4所示。

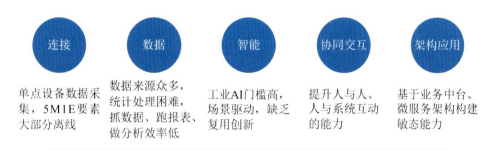

图4 数智化生产制造要素关系示意图

连接:传统制造范式"双化融合"关注的是任务、流程,而数智化高效能制造的关键任务在于构建场景内外全量、全要素的高质量连接关系,实现"人机互联、机机互联、人人互联",在数字空间中打通所有断点,建立端到端的数据流,基于数据流来实现业务流、资源流、能源流的最优调度。

数据:数据作为生产制造场景的管控运营人员用来深度洞察任务执行情况、快速感知内外部环境态势、实现最优化"人、机、物"时空调度的唯一要素,必须确保能够实现数据的"应采尽采",通过高性能的数采基础设施、传输设施、中间件和统一服务,对生产域所有场景的数据进行采集、汇聚、预处理、存储等操作,并且通过主题连接提供完备可靠的数据服务。

智能:近年来,虽然以深度学习为代表的AI算法技术逐渐在各行各业的场景内得到广泛的落地应用,但是仍然存在较大的局限性,这些局限性一方面来自算法技术体系本身(数据依赖性极强、泛化性能弱、调优周期长、算力需求高等),另一方面来自对于AI基础设施的建设的长期忽视(倾向于构建单点算法、短期主义看场景、缺少AI中台支撑、不把算力当资源进行规划等),因此,要想达到实时流处理和非实时批处理任务的协同智能,需要加强上述两个方面的综合能力建设。

协同交互：对于能够对所有任务进行一定自治处理的系统来说，协同和交互也是必不可少的操作类型，尤其对于锂电生产制造来说，为生产场景内外的所有人员、设备构建能够平台级的协同工作环境是达到效能最大化的关键之一，所有生产制造的参与者都能够快速地与自身连接到的其他参与者、单元进行高效、直接的交互，并且通过AI的辅助找到最高效的协同方式并执行。

架构应用：计算机科学与工程技术一直保持着较高的发展迭代速度，因此保持生产制造系统本身的可靠性、可扩展性和可维护性本身也是一个需要关注的重点。推进"应用现代化、架构服务化"是重中之重，在满足生产制造需求的同时，推进C/S架构的软件系统SCBB化、B/S架构的软件系统微服务化、嵌入式软件系统标准组态化、硬件的数字形态模块化，构建CI/CD/CD高效敏捷的软件、算法、数据应用生产线，建设分布式云原生Devops管理运维体系等也是一条"看不见的建设任务线"。

从上述的关键要素出发，国轩高科的数智化研发团队创新性地提出了"一基、两横、三纵"生产制造数智化管控调度范式（图5）。

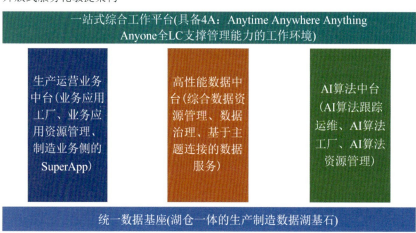

图5 锂电生产制造数智化管控调度范式示意图

"一基"：开放式服务化敏捷架构，实现"参数可定义、模式可重构、功能可扩展"，构建高度的软件可定义能力，从而"以不变应万变"，灵活适应场景和环境，敏捷构建应对不确定性因素的生产制造管控调度能力。

"两横"：统一数据基座、一站式综合工作平台。统一的数据基座作为基石，实时汇聚所有生产制造域能够感知到的全部结构化和非结构化原始数据（通过质量预处理环节），基于所有元数据来进行生产制造场景的数学建模，引入了信息模型标准体系和算法之后,这个环节可以高度自动化、智能化。一站式工作平台则作为数字化协同交互环境,为生产制造中所有参与、管理、运营等人员提供高效、便捷的工作环境,根据不同的权限、角色提供不同级别的服务入口,既是综合指控中心,又是高效作业岛。

"三纵":生产运营业务中台、高性能数据中台、AI算法中台。

三中台的设计不同于传统的"软件、平台及服务"设计思想,而是把建设重点从"授之以鱼"转向了"授之以渔",创新性地贯彻了"软件即能力"的设计思想,分别面向生产制造执行管控任务、生产数据处理任务、AI算法管控调度任务构建能力级的先进软件系统,重点进行标准功能单元形态约束框架构建、标准SLC(Software Life Cycle)管理机制开发、统一通信交互接口服务开发、通用业务能力公共服务化、分布式资源管理调度、云原生容器化自动智能运维等一系列的底层构建工作。

综上,本文提出的锂电生产制造数智化管控调度范式最大化应用了计算机科学与工程领域先进技术,最大化提升了系统的软件可定义能力(图6)。把达到生产制造效能最大化放在第一位,聚焦于构建生产制造领域应对高度复杂外部环境态势的能力,为企业建立了实时、可靠、智能的生产制造控制塔体系,能够支撑集团级大规模分布式生产制造场景,为工艺、品质等条线的精细化管控和有机迭代奠定了坚实基础。

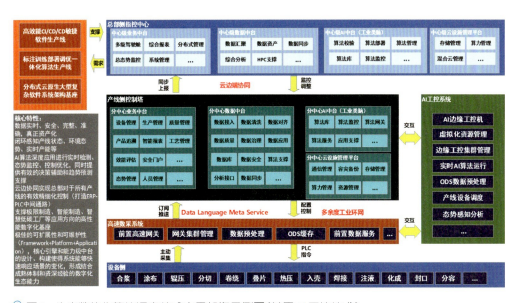

图6 生产数值化管控调度范式应用架构示例图(基于AI工控技术)

该范式在纵向可以分为两个维度,软件系统的顺畅运行离不开硬件设施的支持,在很多制造业场景内往往无法做到"两手都硬",而本范式对于硬件设施的建设也进行了统一规划和标准规格设计,以满足云边协同场景下的软件系统功能、性能需求(图7)。

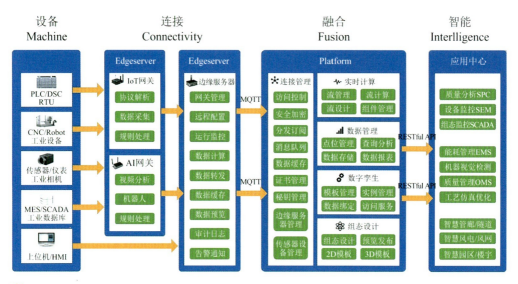

图7 生产制造数智化管控调度硬件设施架构示意图

综上,要想达到锂电行业生产制造的效能最大化、投资回报率(ROI)最大化,离不开高效能、高创新、高可用的范式指导、支撑,树立长期思维,持续地应用、迭代、优化范式和系统。

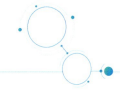

产业创新——历史性挑战与机遇

新能源汽车产业创新是国家发展战略的重要组成部分，也是推动经济社会可持续发展的重要引擎。当前，新一轮科技革命和产业变革蓬勃发展，新能源汽车技术带来了汽车行业革命，这场革命既是机遇也是挑战，新能源汽车与传统汽车相比，在市值规模、发展速度等方面仍有较大差距，新能源汽车产业发展要缩小差距，必须要找到新的赛道。

142 / 创新系统工程思维，发展工业互联网未来
　　　杨善林　中国工程院院士

150 / 当原子和比特发生碰撞时
　　　钟　琪　中国科学技术大学特任副研究员

160 / 新能源汽车产业五大赛道
　　　李　缜　国轩高科董事长

176 / 大众汽车电池技术路线以及与国轩高科的战略合作
　　　弗兰克·英格尔　大众汽车集团(中国)执行副总裁

杨善林

中国工程院院士，合肥工业大学教授

　　决策科学与信息系统技术专家，现任合肥工业大学学术委员会主任、"大数据流通与交易技术"国家工程实验室主任、"智能决策与信息系统"国家地方联合工程研究中心主任，从事智能决策理论与技术、信息系统理论与技术、发展战略规划与系统管理理论等基础理论研究，以及这些理论、技术在复杂产品开发工程管理、制造工程管理、企业管理和社会管理中的相关应用研究工作。先后获国家及省部级科技奖11项，撰写出版学术著作5部，在国内外重要期刊和国际学术会议上发表学术论文400余篇。领衔研发的"人机协同的智能移动微创腔镜系统"获评2020世界互联网最具领先性科技成果。曾获国家级教学成果二等奖3项，2008年获评国家级高等学校教学名师奖，2014年被授予全国五一劳动奖章，2015年获复旦管理学杰出贡献奖，2017年获全国创新争先奖，2019年被授予"全国模范教师"称号，2021年入选全国教书育人楷模候选人。

创新系统工程思维，
发展工业互联网未来

国轩高科第11届科技大会

集成创新是高端产品研发的必然

芯片在高端装备中具有不可替代的作用，而光刻机是芯片制造的核心母机。光刻机是多项基础理论和核心技术的高度融合体。其实光刻技术的发明始于军事需求的驱动。1952年，美国军方指派陆军实验室的拉斯罗普（Jay W. Lathrop）和纳尔（James R. Nall）研究减小电子电路尺寸的技术，以应用于火箭、炮弹的近距离引信电路。在研发过程中，他们创造性地应用了摄影和光敏树脂（光刻胶）技术，成功地制造出了带有晶体管的集成电路。在1958年华盛顿特区举行的IRE电子设备专业小组（PGED）会议上，拉斯罗普和纳尔发表了第一篇描述使用摄影技术制造晶体管的论文，并首次采用了术语"光刻"描述该过程。

现代光刻机集成了短波长光源技术、高数值孔径投影技术、高精度自动控制技术、自动对准技术等多种高精尖技术，图1以短波长光源技术为例，来说明光刻机的高度复杂性。

最早使用的光刻工艺是接触式光刻，即掩膜直接接触光刻胶层进行曝光，其分辨率可达1 μm，但这种工艺会污染和破坏掩膜和晶片，导致掩膜寿命很短，使用十几次即报废，芯片良率也较低；由于接触式光刻的固有缺陷，产生了接近式光刻，即将掩模与光刻胶层保持较小的间距进行曝光，由于光的衍射效应，其分辨率会下降到约2 μm，这种技术为了抑制衍射效应，需要将掩模尽可能地靠近光刻胶层，由于间距的缩小，制造难度相对较大。

1974年，美国Perkin Emler公司推出投影式光刻机Micralign 1000，这种光刻机掩膜寿命长，光刻分辨率较高，芯片良率从约10%飙升至约70%，大大促进了芯片的普及应用，并使得投影式光刻迅速成为主流工艺。1978年，美国GCA公司推出缩放投影式光刻机 DSW 4800,开启了缩放投影光刻时代。由于光学投影可以缩小影像,相同的掩膜可以制造出更为精细的芯片电路,由此便叩开了亚微米级分辨率的大门。

工艺节点	光源类型	附注
0.5 μm	436 nm g-line	
0.35 μm	365 nm i-line	
0.25 μm	248 nm KrF	
0.18 μm	248 nm KrF	

工艺节点	光源类型	附注
0.13 μm	193 nm ArF	
90 nm	193 nm ArF	
65/55 nm	193 nm ArF	
45/40 nm	193 nm ArF (134 nm)	沉浸式
32/28 nm	193 nm ArF (134 nm)	沉浸式
22/20 nm	193 nm ArF (134 nm)	沉浸式
14/16 nm	193 nm ArF (134 nm)	沉浸式
10 nm	193 nm ArF (134 nm)	沉浸式
7 nm	13.5 nm EUV/193 nm ArF (134 nm)	无/沉浸式
5 nm	13.5 nm EUV	

ASML EUV 光刻机

图1 光刻机及其工艺

因为光学系统的极限分辨率的存在,所以缩放投影所带来的分辨率提升是有极限的。根据瑞利判据 $CD=k_1\lambda/NA$,光学系统所使用光的波长越短,其极限分辨率越高(图2)。因此,发展更短波长的光刻机光源和光刻工艺,是业界不懈的追求。

■ 瑞利判据(Rayleigh Criterion)

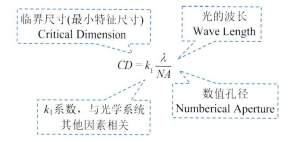

■ 瑞利(Lard Rayleigh)

原名约翰·威廉·斯特拉特(John William Strutt),英国科学家,1904年诺贝尔物理学奖获得者。

"For his investigations of the densities of the most important gases and for his discovery of argon in connection with these studies."

图2 瑞利判据

早期光刻机多采用汞灯作为光源,利用其紫外频谱进行曝光。根据汞灯光源的光谱特性,其在248 nm以下的深紫外,即深紫外线(DUV)频谱段发光效率很低,导致光刻曝光时间较长;另一方面,汞灯光谱是连续光谱,多种波长的光折射率不同,导致曝光图案模糊(图3)。因此,研究人员将目光聚焦到20世纪60年代发明的一种全新光源——激光。

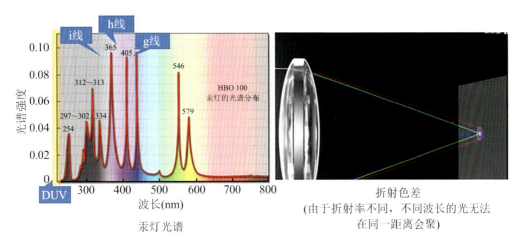

图3 汞灯光谱和折射色差

  1960年，美国加利福尼亚州休斯实验室的西奥多·梅曼（Theodore Harold Maiman）在爱因斯坦受激辐射原理的基础上，借鉴法国科学家阿尔弗雷德·卡斯特勒（Alfred Kastler）提出的"光泵"理论、苏联科学家亚历山大·普罗霍罗夫（Alexander Prokhorov）和美国科学家查尔斯·哈德·汤斯（Charles Hard Townes）提出的开放式谐振器技术，研制出了世界上第一种激光器。同年，德国科学家弗里茨·豪特曼斯（Fritz Houtermans）提出准分子激光理论，利用准分子，即受外来能量激发产生的寿命极短的分子作为激发态粒子来产生激光，打开了短波长激光的大门。1979年，德国 Lambda Physik 公司生产了第一台商业用DUV激光器，波长为248 nm。1982年，IBM公司的Kanti Jain提出并演示了DUV准分子激光光刻技术，DUV光刻从此成为业界主流。目前，业界常用的DUV光刻光源有248 nm 氟化氪（KrF）和193 nm 氟化氩（ArF）准分子激光。2002年，台湾积体电路制造有限公司（简称台积）工程师林本坚开创性地提出了浸入式光刻法，利用水的高折射率，不用更换光源即可将等效波长降低为134 nm，在此冲击下尼康公司不得不终止研发157 nm 氟（F_2）准分子激光的光刻技术。浸入式光刻法奠定了台积电、ASML在半导体制造领域的领先地位。利用沉浸式DUV光刻工艺，半导体制程节点可推进至7 nm。

  对于7 nm及更高精度的半导体制程节点，DUV浸入式光刻工艺已然较难实现，所以需要开发更短波长的光刻光源。1981~1992年，学术界开始了对1~10 nm波长的软X射线成像系统的研发，2011年研究的结果表明，软X射线成像系统的像场和波前误差不如预期。1993~1996年，研究人员以波长10~121 nm的极短紫外光，即极深紫外线（EUV）的成像系统为研究目标。经过3年研究，初步确定波长为13.5 nm的EUV

成像系统应用于下一代光刻机在理论上可行。EUV可通过带电粒子同步辐射、激发态电子跃迁等方式产生。目前,业界多基于后者研制大功率EUV光源。

根据波尔1922年获得诺贝尔物理学奖的原子结构理论,电子从高能级向低能级跃迁时将辐射出光子。为了获得EUV光子,就需要把原子电离为阳离子。由于阳离子上的内层电子有着更低的基态能级,因而它们激发后回落到基态时,将可能辐射能量更高的EUV光子。因此,EUV光源的研制有两道门槛:一是选择合适的原子,因为不同原子及其阳离子的电子能级结构不同,能够发射的光的波长也是不同的。只有找到合适的原子,才能发射出13.5 nm EUV。二是在极短的时间内以巨大的能量电离原子,使其成为阳离子,只有阳离子才可能发射出能量巨大的EUV光子。对于第一个门槛,需要对所有元素进行筛选,这是个工作量巨大的任务,研究人员借助海森堡1932年获得诺贝尔物理学奖的量子力学,从理论上求解出了不同原子及其阳离子可以辐射的光子波长。根据计算结果,最终筛选出能够辐射13.5 nm EUV的三种元素:锡、锂、氙。对于第二个门槛,即如何让靶材料原子进行电离,研究人员进行了长达20余年的探索,其中大致分为两个阶段。第一阶段是从1996年至2011年,科学家确定了放电等离子体(DPP)、激光辅助放电等离子体(LDP)和激光等离子体(LPP)三种候选电离技术方案,并分别展开技术攻关工作。最终,使用金属锡为靶材料,LPP为电离技术的EUV光源方案胜出,并成为当前EUV光刻机光源的主流技术。第二阶段是从2011年直至现在,科学家针对LPP技术EUV光源进行技术优化,以提高发光功率。经过数年的技术改进,EUV光源的中间焦点功率从2012年的25 W提升至250 W,每小时可光刻约160片12英寸晶圆,初步具备了应用于工业生产的能力。目前,ASML EUV光刻机所使用的光源是由美国Cymer公司研制,该EUV光源是由带有反射镜的真空腔体、锡滴发生器、大功率二氧化碳激光器等组成。

EUV光源工作时,锡滴发生器每秒滴落5万滴直径约为30 μm的超纯锡滴,通过实时跟踪锡滴的空间位置,功率达500 kW的二氧化碳激光器发出激光脉冲,依次精准击中每滴下落的锡滴,将锡滴瞬间加热电离为等离子体,并产生波长为13.3～13.7 nm的EUV射线。接着,反射镜收集器将腔体内产生的EUV射线会聚为光束,并射入光刻机成像系统。为了提升EUV光源的发光效率,需要让锡滴在短时间内吸收更多的能量,然而锡滴仅有30 μm大小,其吸收激光脉冲能量的表面积太小,制约了EUV光源功率的进一步提升。

为此,Cymer公司发明了两次轰击靶材料的技术。第一次使用低功率激光脉冲轰击锡滴,由于激光功率较低并不能电离锡滴,而仅给予锡滴一个冲击力,使其由球状压缩为薄饼状,增大其表面积。第二次轰击使用全功率激光脉冲,瞬间将薄饼状锡电离并释放高功率EUV射线。在大功率EUV光源的基础上,ASML研发了一系列EUV光刻机。其最新型号NXE:3600D的光刻最小特征尺寸(CD)可达13 nm,指定载台叠对精度(Dedicated Chuck Overlay)可达1.4 nm,为3~5 nm半导体工艺节点提供了关键性支持(图4)。

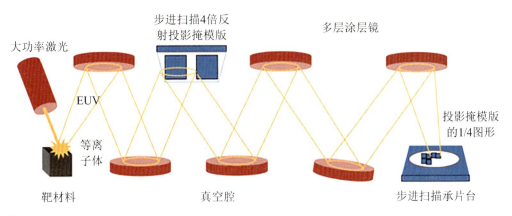

图4 极紫外光刻技术示意图

EUV需经过多次反射才投影到晶圆上,每次反射约有30%的EUV会被反射镜吸收,因此EUV光刻对光源功率有着较高的要求。

从光刻机光源的发展历程中不难看出,光刻机光源发展中的原始技术创新都源自基础理论的研究成果,由此可见,基础研究是原始技术创新的源泉。DUV、EUV光源都是多项技术有机融合形成的,因此集成创新是高端产品研发的必然。光刻机基于已有技术的灵感,通过工程化形成初级产品,并在不断追求更高性能指标的过程中,一方面牵引相关技术和基础理论的发展,另一方面逐步集成更多领域的新技术,从而促进光刻机及芯片制造工艺不断进步,推动相关产业及其生态的发展。如何创造世间未见的产品?这可能是"科学、技术、工程、产业"空间中系统工程问题,而"洞察需求、构思方案、集成创造、迭代升级"是这个四维空间中系统工程方法的基本逻辑。在这个逻辑中,"集成"是关键能力,集成不是简单的堆砌,而是更高层次的创新!

系统级产品也是一类高技术产品

从1969年10月"阿帕"(国防高级研究计划署,DARPA)的第一次计算机间的信息通信实验算起,互联网已经走过了50多年的发展历程。互联网的应用促进了互联网及其相关技术的快速发展。互联网诞生初期,人们对计算机网络所持态度和观念较为保守。不同国家、不同领域,甚至同一国家的不同区域,都建立了一个个封闭的网络小圈子,称为"校园网""科研网"或者"国家网"。这些小范围的"局域网"或"城域网"的电子设备接入和数据传输标准并不一致。而工业互联网是个未来产品,目前智能互联系统在消费端取得较多的应用,在生产端面临巨大的挑战,这是"卡脖子"的问题,也是国家重大战略需求。工业互联网是解决这个重大问题的主要技术途径之一。工业互联网是工业设备与人之间、人与人之间,通过一组工业通信协议和网络应用平台连接起来,实现信息传递与共享,从而形成的互联网络,由技术系统和应用平台组成,工业互联网与互联网必将是融为一体的。

目前,工业互联网的发展面临三个主要问题。一是"下不去",信息技术(IT)和操作技术(OT)融合深度不足。目前工业互联网难以实现对设备的直接管理控制,无法支撑柔性化生产、能耗品质管理、厂区全局优化等需求。二是"上不来",数据资源难以有效汇聚流转。缺乏信息模型,数据标准难以统一;缺乏法规机制,保障企业数据安全有效流转;工业智能水平不足,难以有效挖掘数据价值。三是"难循环",难以实现商业闭环。上述原因导致工业互联网为企业带来的价值有限。此外,建设工业互联网投入较大,平台企业、工业企业难以实现商业模式闭环。

工业互联网未来一定是分为三层:企业层、平台层和服务层。在企业层,将PLC/DCS控制系统作为执行机构和测量装置,基于智能传感和智能采集的智能化边缘控制系统,实现生产过程管理与控制一体化,建立企业智能化管理与决策系统。在平台层建立集团企业的工业互联网平台、跨企业的工业互联网平台、跨行业跨领域的工业互联网平台,实现低时延、高可靠、大宽带。在服务层,支持用户端进行个性化产品定制,在企业实现用户服务运营,在产品上实现网络化协同。当然,在企业层和平台层要有接口,既要有数据接口标准也要有安全接口标准,解决问题。

工业互联网的核心技术很多,例如:网络感知技术、通信互联技术、制造智能技术、人机协同技术、智能互联系统的系统工程等。如何集成已有技术,创造新技术,研发出支撑工业互联网的系列产品,是一个时代性的科学技术命题(图5)。

我们应该抓住发展工业互联网的历史机遇,创新系统工程的思维方式,在科学、技术、工程、产业四维空间中创造未来。具体来说,应围绕工业互联网,结合智能互联系统,在"科学、技术、工程、产业"这个四维空间中深入研究智能互联网系统的系统工程理论与方法,例如智能互联环境下的系统要素及组织方式、智能互联系统的行为规律与决策控制机理、智能互联系统管理的辩证思维与创新机制,以及智能互联系统的运行管理与协同机制。

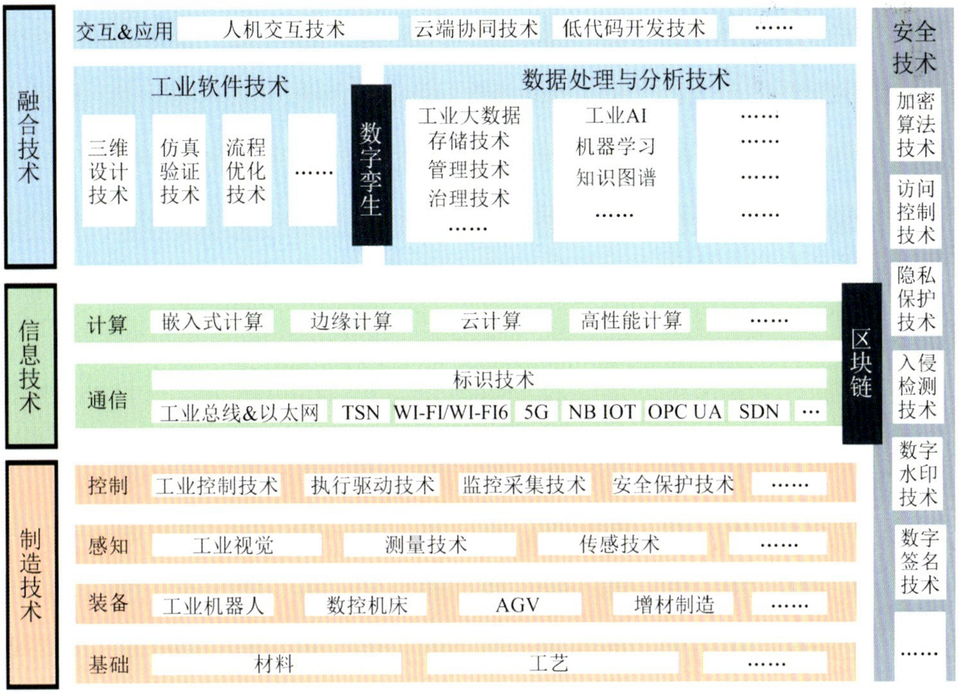

融合技术	交互&应用	人机交互技术	云端协同技术	低代码开发技术	……		安全技术
	工业软件技术			数据处理与分析技术		数字孪生	加密算法技术
	三维设计技术	仿真验证技术	流程优化技术	……	工业大数据存储技术 管理技术 治理技术	工业AI 机器学习 知识图谱 ……	……	访问控制技术
信息技术	计算	嵌入式计算	边缘计算	云计算	高性能计算	……	区块链	隐私保护技术
	通信		标识技术					入侵检测技术
		工业总线&以太网	TSN	WI-FI/WI-FI6	5G	NB IOT	OPC UA	SDN	…		数字水印技术
制造技术	控制	工业控制技术	执行驱动技术	监控采集技术	安全保护技术	……		数字签名技术
	感知	工业视觉	测量技术	传感技术				……
	装备	工业机器人	数控机床	AGV	增材制造			
	基础	材料		工艺		……		

图5 智能互联系统的系统工程

钟 琪

中国科学技术大学特任副研究员

中国科学技术大学管理学院特任副研究员,中国科学技术大学长三角科技战略前沿研究中心副主任。

主要从事科技战略与创新管理等领域的研究,熟悉科技政策与科技创新工作,主持"重大科技基础设施的创新生态集群研究""长三角科技战略研究""安徽省产业创新中心建设与管理的思考"等国家级、省部级课题10多项,在科技政策、科技创新领域发表了多篇论文。

作为骨干成员,先后参与未来网络试验设施、量子信息国家实验室核心区、合肥物质科学技术中心、先进技术研究院、语音及语言国家工程实验室等创新平台建设,对前沿技术与产业现状及前景有较深入研究,有丰富的科技成果转化及新兴产业培育经验,服务指导科创企业100多家。

当原子和比特发生碰撞时

"Tech7创新者"圆桌汇

20世纪有三个创造性的伟大科学与技术发明,推动人类文明站上了前所未有的新高度。直至今日,它们依然是没有"天花板"的科学与技术。第一是因为发现原子而引起的物理学革命。第二是克劳德·艾尔伍德·香农(Claude Elwood Shannon)提出"比特"(bit)这一信息基础单元。在此之前,信息是一封电报、一张照片、一段话乃至一首音乐。正如几何学家将沙子的圆和太阳的圆归为同质,物理学家将钟摆的摆动与行星的轨迹归于同质一样,香农通过把握信息的本质,将不同的信息统一抽象为比特,其对信息的认知开了人类先河,使得信息技术汹涌澎湃、扑面而来。第三便是基因的发现进一步催生了生命科学与医学发展。

迈入21世纪,2006年1月19日发射了"新地平线"(New Horizons)号探测器,这是人类发射过的起始速度最快的太空船,达到13.87 km/s的速度,飞到了距离地球29473 km的太空,成为了第一个飞跃太阳系边缘的探测器。"新地平线"也有新视野的意思,"新地平线"号探测器继续向更远的宇宙太空飞去,人类的宇宙视野也越来越宽阔,人类也开始走向一个新地平线——迎接原子比特融合时代的到来。

 原子世界和比特世界正在深度融合

过去人类将物质世界看成是由化学元素周期表中的118种元素组成的,我们科学技术研究瞄准的有88种,从118到88已经是一个伟大的进步。现在数字化改变一切,千差万别的世界被分成了0和1。数字化赋能物质科学,物理、数学、大数据等诸多领域交叉互动,原子比特融合时代不断催生人工智能、无人驾驶、能源储存、量子计算等更新、更强的科学技术。

从行业分布和发展趋势来看,以原子世界、比特世界为特征科技企业引领经济社会发展。以2022福布斯富豪榜为例(表1),世界首富前五名分别是贝佐斯、马斯克、阿诺特、比尔盖茨、扎克伯格,中国首富前五名分别是钟睒睒、张一鸣、曾毓群、马化腾、马云。可以看到,科技创新和资本扩张所驱动增长的科技型公司仍然是全球顶尖富豪的主要财富来源。

表1 2022福布斯富豪榜前五名

世界富豪排行榜				
排序	姓名	财富(亿美元)	财富来源	国家
1	贝佐斯	1914	亚马逊	美国
2	马斯克	1657	特斯拉	美国
3	阿诺特	1647	LVMH	法国
4	比尔盖茨	1293	微软	美国
5	扎克伯格	1140	Facebook	美国
中国富豪排行榜				
排序	姓名	财富(亿元)	财富来源	国家
1	钟睒睒	4244	农夫山泉/万泰生物	杭州
2	张一鸣	3825	字节跳动	北京
3	曾毓群	3272	宁德时代	宁德
4	马化腾	3162	腾讯	深圳
5	马 云	2673	阿里巴巴	杭州

亚马逊的创始人贝佐斯曾说,"如果你做一件事,把眼光放到未来三年,和你同台竞争的人很多;但如果你的目光能放到未来七年,可以和你竞争的人就很少了。因为很少有公司愿意做那么长远的打算。"长期主义离不开"静待花开",但更需要一直瞄准未来发展的长远目标。企业的价值成长需要时间,资金需要时间来实现复利,认知和投资能力也需要日积月累的进步,只有这样,企业才能不断突破进入一个新的层次和境界。对于科技企业来说,创新与技术更是企业的核心命题,必须坚持长期主义,兼顾当下行动,着眼新赛道、新产品、新技术,力争实现跃迁式发展。

在原子比特融合时代下,数据科学、材料科学等没有"大花板"的黄金学科可能成为未来产业的主要技术底座,将再一次引领人类文明达到新的历史高度。新能源汽车是原子比特融合时代工业文明的皇冠,它的本质特征是软件应用于机械领域,是比特与原子的融合,而电池和自动驾驶是这个"皇冠"上的一对璀璨的明珠。电动智能化是汽车技术革命的集中爆发点,涉及太多的技术创新,包括很多新能源电池的原始创新甚至是底层技术,离不开基础研究的支持,特别是涉及数据科学,例如现在一辆高端汽车车载系统代码达到1.5亿行,是一架战斗机的好几倍。

数据科技："数据"成为新型生产要素

"算力时代"的基础设施是算力和数据。数字化时代，数据与信息无处不在，就像人类赖以生存的空气和水一样，渗透到我们日常的生活、工作和生产的各个环节。无论我们身处何种领域或方向，都离不开计算机科学技术的支持与影响。

数据是助力21世纪发展的"新石油"，对人类的意义体现在两个"第一次"：第一次不是从大自然获取资源，而是自己生产资源；资源第一次不是越用越贬值，而是在使用中愈发升值。全球范围内，超大规模数据的收集、存储、运算及应用正在起步，深挖数据科技创新潜能，需要通过一整套"端到端"的架构体系，打通彼此之间的连接与协同。一般来说，数据科技可以分成算据（数据）层、算力层、算法层、平台层四层架构（图1）。

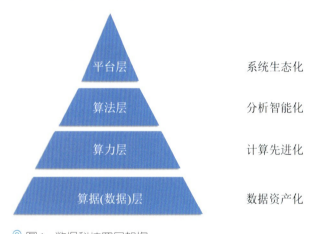

图1 数据科技四层架构

算据（数据）层以数据为基础，以实现数据资产化为目的，通过打造（研发、制造、运营）多源信息融合大数据平台，建设云原生体系构建及高性能（软、硬件一体）云设施，研发高性能、高泛用性、高可扩展数据中台研发，从而在推动基础研究范式变革之上探索新路径。

算力层可提供多场景解法，驱动计算先进化，通过建设高性能超算和高通量计算集群，搭建超大规模算力优化调度框架及服务平台，继而成为数智化产业的"放大器"和"改良田"。

算法层则进一步聚焦创新应用领域，比如建设满足研发人员多学科交叉（原子比特融合）全域全流程工作需求的一站式高效协同平台；统一构建支撑精益数智化研发的基础能力体系,构建面向场景的AI算法全生命周期综合工作平台,研发基于AI工控技术的高效能全数字化产线范式,以此加速实现分析智能化。对于制造业的智能化而言,云边协同的智慧生产不可或缺。在新能源动力电池制造应用场景下,通过运用数据赋能、AI驱动、感知执行闭环等核心技术,可将工厂运行在性能极限。"线、端、边、云、用"的AI工控系统作为构建生态位新优势的有效抓手,具备以下特色优势。首先,通过实时态势感知和智能调度产线,可以进行产能智能调配,提升稼动率。其次,通过对电芯全生命周期进行追溯,细化到单电芯的生产过程还原,从而进行工艺质量分析,提升良率;同时,通过打造定制化独立数采及数据中台具备生成强大的对海量、异构、可靠的数据处理能力,可以有效提升数据管理和服务能力;此外,总部"工业大脑"在业务中台、使能平台、AI平台的协同联动下,可完成灵活高效的业务扩展,提升需求响应能力(图2)。例如,电力行业正在注入"数字化"动力,阿里巴巴达摩院利用AI技术提升了用电负荷与新能源发电功率预测准确率,通过智能巡检机器人,实现了设备维护自动化、常态化,有效破解新能源发电大规模并网和消纳难题,从而保障电网运行安全稳定。

图2 云边协同的AI工控生产制造控制塔

平台层锚定未来10～15年的尖端突破性技术开发,以推动产业系统生态化转型为目标。比如,锂电行业通过探索标准化锂电数字化系统范式,开发低代码、无代码业务中台,研发新能源行业中的工业仿真软件体系研究及产品,推进面向极限制造场景的行业级先进智能机械技术研究及产品开发,从而为行业带来新动力,助推数据生态系统进一步完善架构。

结合工业软件应用场景来看,当前中国工业软件市场规模达到2000亿元,并且每年以20%左右增幅增长。先进计算赋能先进生产力,智能制造尤其离不开工业软件。数智研发领域正以如何统一构建支撑精益数智化研发的基础能力体系这一问题为导向,进一步聚焦技术突破,解决工业软件"卡脖子"难题。例如,依托于完全自主知识产权的高性能计算仿真平台的云端智造工业仿真技术,以高性能计算基础框架和高性能计算基准测试为基础,设计出高性能低功耗的仿真软件算法,提供实现高端制造业各类高性能计算仿真需求的软件及服务;通过布局从微观到宏观的物理化学模拟、仿真、推演软件平台能力,突破"卡脖子"问题。当前,仿真技术可广泛应用于汽车、船舶、航空、半导体、医疗影像等领域(图3)。

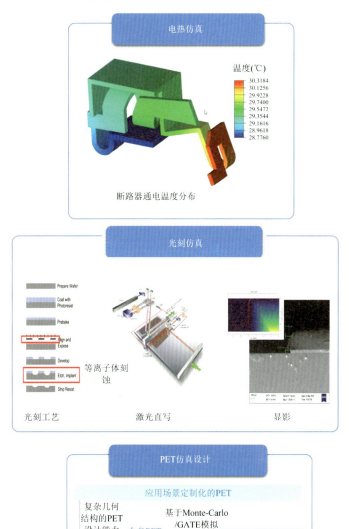

图3 云端智造工业仿真技术应用示例

比如,动力电池在大电流放电时会产生大量的热,电池结构设计不合理可能导致产热大于散热,热量积累带来安全隐患。针对动力电池开展电热仿真,便可有效预控管理这一安全隐患。在半导体领域中的光刻领域,经与印制电路板(PCB)龙头企业合作验证,基于物理过程建立数学模型,基于模型设计实验提取参数,开展光刻仿真后,可有效提升光刻精度近20%。

材料科技:材料大数据驱动研发体系变革

人类物质文明发展史,是一部材料的进化史(图4)。在人类社会发展历程中,每一种重要材料的发现都推动人类文明向前迈进了一大步,比如,6000年前的青铜器(铜锡合金)的出现,标志着人类生活从狩猎转向农牧业,手工业与农业分离;钢铁、棉花、钢铁复合材料的出现,推动人类进入了钢铁时代。

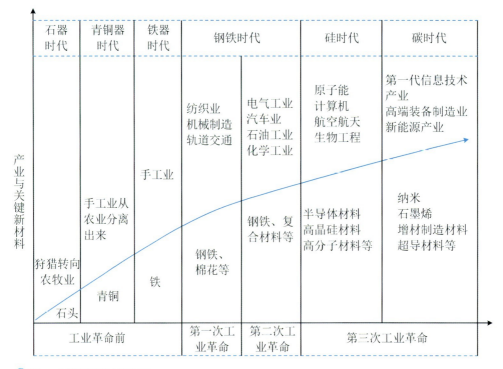

图4 材料引导时代变革

材料是所有制造业的基础,关键技术的突破绝大多数依赖于材料的发展和支撑。2019年我国新材料产业规模约4.75万亿元,预计2025年新材料产值可达到10万亿元。随着新材料研究的不断深入和应用领域的逐步扩大,新材料发展水平已成为衡量国家之间经济发展、科技水平与国防实力的重要标准。因此,各国相继出台相应产业政策以促进新材料行业的高速发展(表2)。

表2 部分国家或地区材料发展战略

国家或地区	材料发展战略
欧洲	《COST计划》《尤里卡计划》《第六个框架计划》
北美洲	《建筑材料计划》《化石能材料计划》《材料基因组计划》《21世纪国家纳米纲要》《未来工业材料计划》《先进汽车材料计划》
俄罗斯	《2030年前新材料与技术发展战略》
日本	《第五期科学技术基本计划》
中国	《中国制造2025》《七大战略新兴产业》《新材料产业发展指南》

发达国家在新材料产业中占据领先地位,例如美国、日本和欧洲各国在经济实力、核心技术、研发能力、市场占有率等方面占据绝对优势(表2)。发达国家拥有成熟的新材料市场,多数产品占据全球市场的垄断地位,是新材料产业主要的创新主体。其中美国在新材料全领域位于前列,日本在纳米材料、电子信息材料等领域具有优势。中国、韩国、俄罗斯处于新材料产业的第二梯队,中国在半导体照明、稀土永磁材料、人工晶体材料等领域发展较好,韩国在显示材料、存储材料方面具有优势,俄罗斯在航空航天材料等方面具有较好优势。随着中国、印度等国家相关领域的快速发展,以及新一轮科技革命的来临,全球新材料市场的重心呈现出逐步向亚洲地区转移的趋势,全球技术要素和市场要素配置方式将会发生深刻的变化,地区发展的差异化可能会继续加剧(图5)。

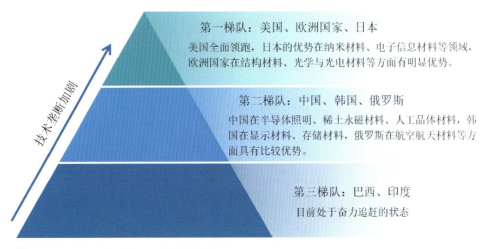

图5 全球新材料产业区域竞争格局

传统的材料产业研发基于典型的试错开发模式,主要通过"猜测—尝试—错误—再猜测"的反复循环实验进行,缺乏体系化数据支撑,导致开发周期长、研发投入高、产业化风险较大。例如,最早的电灯是由英国科学家戴维和法拉第于1821年发明,这种电灯用2000节电池和两根炭棒制成,光线刺眼、耗电量大、寿命短,也不实用。爱迪生便试用了6000多种材料,试验了7000多次,直到1879年10月,当他尝试用炭化棉线装进灯泡后,终于有了突破性的进展。这一次,这盏电灯足足亮了45 h后灯丝才被烧断,这便是人类第一盏有实用价值的电灯。但爱迪生没有满足,后经多次实验结果表明,用钨丝作灯丝效果更好更耐用,灯泡可亮1200 h。于是电灯开始批量生产,进入寻常百姓家。

时至今日,这种"爱迪生花费了整整10年,尝试了1600种矿石、3000种植物、3000种金属才发现了合适的灯丝"的传统模式弊端明显,已不能适应工业快速发展的需求。当前新材料产品日新月异,产业升级步伐加快,新材料技术与信息技术相互融合,功能材料智能化、结构功能一体化趋势明显,低碳、绿色可再生的材料的特性倍受关注。在"AI for Science"的大背景下,数据驱动被认为是材料科学的"第四范式"。

如今新材料产业面临着全面变革的挑战,科学家们正在开发"有大脑"的机器科学家,机器科学家可以在一定程度上代替人类科学家。过去,爱因斯坦等一群天才科学家依靠伟大的思想和简单的数学公式来刻画世界的本质,但是天才是少数的,大多数人有思维局限。机器科学家将帮助人类科学家突破思维局限,从融合了底层规则的数据中,学习建立有效的复杂模型,将复杂的关系通过数据模型和公式表达出来,进而能更好地指导新材料研发。

数据驱动的新范式可以有效降低资金、时间和人才投入。例如,2021年,日本大阪大学利用1200种光伏电池材料作为训练数据库,通过机器学习算法研究高分子材料结构和光电感应之间的关系,在1 min内就筛选出有潜在应用价值的化合物结构,如果用传统方法则需5～6年时间。以电池材料数智化研发技术为例,利用量子化学材料计算、人工智能及大数据分析的学科交叉,开发基于高通量的第一性原理模拟仿真技术、神经网络与随机森林的人工智能设计技术,打造面向动力电池材料知识的图谱,预计可以将材料研发的选择范围缩小1～2个数量级,有效提高项目成功率,进而再次降低研发成本。美国Materials Design公司旗下的"MedeA"便是一个基于材料数据库的功能材料设计与性质预测平台,其利用强大的数据库与计算模拟方法,为锂离子电池材料研究设计提供一套完备的设计解决方案,范围涵盖了锂离子电池的稳定性提升、循环寿命改善、正负极材料设计优化、电解液迭代升级等,同时拥有如霍尼韦尔、宁德时代、飞利浦等国内外知名企业客户(图6)。

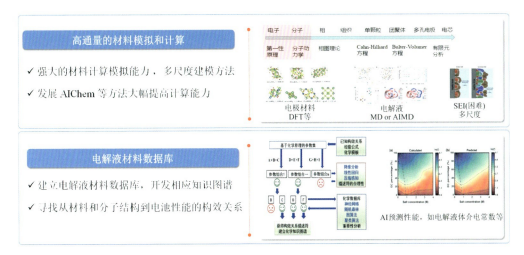

图6 数智化研发–电池材料大数据示例

数据驱动的新材料研发应当构建以下三方面的核心能力：

(1) 打造材料大数据库。大量真实数据是上层应用的底层基础，如AFLOW、NIST、NOMAD等领先的世界级材料数据库现已经积累了数十万甚至上百万条与材料相关的数据。

(2) 具备深厚的材料学、人工智能及大数据等多学科背景。一方面，在数据挖掘环节，需要材料专业知识来对错误和无效数据进行剔除和清洗；另一方面，需要建立材料领域的知识图谱和描述符，将材料领域的科学认知和技术积累转化为数据的形式。

(3) 持续优化数据算法和软硬件技术。目前在材料大数据领域通常采用的算法包括高通量计算、第一性原理、蒙特卡罗算法等，随着越来越多维度的实验和理论计算数据加入，相关算法也需要持续迭代。

世界经济的发展，长期来看最终要靠技术进步来推动。据统计估算，一个国家平均85%的经济增长来自技术创新。在新一轮工业革命窗口，每个创新单元都需要主动跨出自己的自然边界，与其他创新单元建立链接，从而创造出新的价值和新的社会，抢上科技创新的"头班车"，争取成为创新网络中的"超级链接者"。21世纪是材料科学的世纪，其与数据科学的碰撞必将带来科学界的头脑风暴。构建以材料科技、数据科技的技术底座，打造原子比特交叉融合的技术创新体系，必将开启经济发展新范式，支撑引领创新产业发展。

李 缜

国轩高科股份有限公司创始人、董事长

李缜,1964年1月出生,安徽桐城人,2006年创办合肥国轩高科动力能源有限公司,现任国轩控股集团董事长、国轩高科股份有限公司董事长,是全国工商联新能源商会常务副会长、安徽省科协常委、合肥市慈善协会副会长。

李缜始终秉承"成就别人才能成就自己"的理念,他带领的国轩高科团队,坚定不移深耕新能源领域,努力用全球领先的技术创造物美价廉的新能源产品,保障人类绿色出行和能源存储。公司先后获得国家火炬计划重点高新技术企业、中国品牌500强、安徽省政府质量奖、安徽省名牌产品、安徽省科学技术进步一等奖、合肥市科学技术进步一等奖、合肥市政府质量奖等荣誉。曾连任第九届、第十届安徽省政协委员,第十三届、第十四届合肥市人大代表,全国优秀企业家,合肥市劳动模范。

新能源汽车产业五大赛道

国轩高科第11届科技大会

汽车产业刚刚开始的革命

过去10年,新能源汽车从每年销售几万辆,到2020年,全球销量突破300万辆,未来10年预计还有近10倍的增长空间(图1)。同时,新能源车企也获得了全球资本市场的高度认可,"新贵"特斯拉市值逾8000亿美元,已超过丰田、大众、通用、现代、福特、宝马这6家老牌车企之和,这在过去是完全不可想象的。

随着全球对碳减排的日益重视,各国(地区)禁售燃油车时间表在陆续敲定与更新,很多家车企也主动公布了停产停售燃油汽车的时间表。新能源汽车已经成为大势所趋,现在还只是刚刚开始。

(一)赛道1 汽车动力基础演变

传统汽车的动力基础是石油,第二次工业革命以卡尔·本茨(Karl Benz)发明制造世界上第一批燃油汽车为起点,全球范围内迅速建立了从石油的开采、冶炼、运输到加油站销售的整套产业体系,形成了巨大的产业链条,也成就了一批如洛克菲勒(Rockefeller)这样的"石油大王"。2020年中国进口原油5.4亿吨,价值1763.21亿美元,创造历史新高。

传统汽车让人们出行和运输更加便捷的同时,也带来交通领域的碳排放高速增长。根据国际能源署(IEA)数据,2018年全世界碳排放335亿吨,其中交通运输业的碳排放为82.6亿吨,占比24.6%(其中公路碳排放为61亿吨,占比18.2%)。

过去10年新能源车销量增长迅速,但还只是开始

特斯拉 vs. 丰田+大众+通用+现代+福特+宝马

图1 全球新能源汽车销量及车企市值变化

资料来源:EV Volumes、Deloitte、Bloomberg。

未来汽车的动力将以电力驱动为中心,电力供给将取代石油供给成为价值链中最重要的环节,锂离子电池进入大规模量产阶段,为实现汽车出行更便捷的电力提供支持。电力的生产、运输、存储和消费环节,将形成一条从发电、输电到卖电、换电的产业链条,产业空间巨大。

以电为中心,融合分布式能源发展理念成为必然趋势。在电力存储和消费端,新型充电桩的建设将成为搭配分布式能源的重要解决方案。电动汽车的增量市场将带动充电基础设施的快速发展。预计2025年,全球新能源汽车销量有望达到1500万辆规模,中国新能源汽车销量超过600万辆,对应全球每年15万台、中国6万台新型充电桩的增量需求。按照5年投放周期计算,新型充电桩在国内提供的电力年销售将达到$3×10^{10}$ kW·h(图2)。

  传统汽车:
- 形成采油—炼油—运油—卖油的产业链,产生了无数的"钢铁大王""橡胶大王"等

  未来汽车:
  成就发电—储电—卖电—换电的产业链,产生了一些新的产业大王
- 2021年Q1~Q3,中国新能源汽车销量216万辆,渗透率跃升到2021年的11.6%
- 2025年后新型充电桩在国内提供的电力年销量将达每年$3×10^{10}$ kW·h

图2 传统汽车与未来汽车产业链

数据来源:长江商学院投资研究中心、BP、工信部、全球能源互联网发展合作组织。

在"碳达峰、碳中和"目标下,汽车电动化是道路交通领域实现"双碳"目标的重要路径,这将带动纯电驱动系统转换进入发展快车道。

(二)赛道2 材料创新体系

材料和制造工艺是汽车和零部件工业发展的基石,汽车要达到的各项使用性能离不开材料技术的应用。汽车新材料及先进制造工艺技术的应用对于改善汽车产品

的性能,提高国产品牌汽车产品的市场竞争力具有重要的作用。

2020年度中国汽车界的"诺贝尔奖"——中国汽车工业科学技术奖,两项汽车铝合金应用技术获得科技进步奖一等奖。这不仅展现了行业对于汽车材料技术高度重视,还体现出国内汽车材料技术的长足进步。

传统汽车时代是以钢材、橡胶等重型材料为主体的材料体系,成就了一大批"钢铁大王""轮胎大王"等。过去的100年间,美国卡内基钢铁公司成为世界上最大的钢铁企业,东南亚华人企业家李光前所创立的"橡胶王国",对世界橡胶业有举足轻重的影响。

未来汽车时代,在自动驾驶、电气化、轻量化、可持续性、安全舒适性、美观性的影响下,人们开始寻找更轻、更环保的新材料。设计师也开始从设计角度和技术角度等各个方面来评估,比如关键指标、可回收性、耐久性、健康性、灵活性等(图3)。

传统汽车时代:
以钢材、橡胶为主体的重型材料体系
vs

未来汽车时代:
以碳纤维为主体的更轻量、更环保的新型复合材料体系

复合材料类型和减重效果

配件名称	车身总重占分比	可能的减重效果
内饰	5%	1%
功能件	50%(其中发动机占25%～30%)	5%
车身外覆盖件	10%	30%
次承力结构件	10%～15%	30%
底盘	25%	50%

锂离子电池主要成本占比

材料类别	成本占比
正极材料	40%
负极材料	16%
隔膜	12%
电解液	8%

车身材料　　内饰材料　　电池材料

(来源:同济大学复合材料结构所)

图3　传统汽车材料和未来汽车材料

车身材料:将以性能多样化、材料多元化、车身轻量化为发展趋势,铝合金、碳纤维、工程塑料等新材料的广泛应用,将会创造新的产业链和发展空间,未来市场规模或达数万亿元。比如,宝马的碳纤维底盘。通用Sierra皮卡系的碳纤维车厢,宝马M2Thunder由碳纤维打造的车顶和后背箱盖,等等。

内饰材料：生物材料和复合材料以及再生塑料，将被大规模应用。如，利用食物残渣：大众ID Roomzz概念座椅采用了名为Apple Skin的纺织品，其中包含了苹果汁生产中的残留物；奥迪etronGT、AI-ME和Q4etron都采用了再生地板材料；沃尔沃XC60插电混动演示版SUV的中控采用了废弃的旧瓶子、网纤维，座椅纺织的PET采用了再生塑料瓶，地毯采用了PET纤维及服装废棉等。

电池材料：电池是新能源汽车的核心零部件，组成电池的正极、负极、隔膜、电解液四大材料，占了锂离子电池成本的76%以上，其中，正极材料占比40%以上，负极材料占比16%左右，隔膜占比12%左右，电解液占比8%左右。四大关键材料如果实现创新和突破，将会极大增强企业和产品的竞争力，带动更多更细分的材料产业发展。突破的思路包括：材料功能化，流程短程化，系统化、集成化开发，跨界融合创新等。如，从有机、可燃的电解液发展为无机、不可燃的固态电解质。

（三）赛道3 软件定义汽车

除了电动化，汽车的电子化、软件化也是大趋势，电子系统和软件在汽车成本中的平均占比从2000年的19.1%提升至2020年的35%。

从硬件角度，汽车已经武装成一台"计算机"。例如，最近一个新发布的电动车配备了33个高精度传感器：包括1个激光雷达、5个毫米波雷达、12个超声波传感器，及11个高清摄像头等。等到L4自动驾驶发展成熟，需要算力支持大约为9台iPhone 12的算力。这带来了巨大的硬件市场空间，2030年汽车芯片的市场规模增长将达到1150亿美元，约占整个芯片市场的11%。

从软件角度，汽车已经是高度软件化的产物。我们熟知的硬件系统，如波音787所用代码行数为650万，F-35战斗机为2400万，而现代高端汽车车载系统所需的代码行数高达1亿（图4）。

（四）赛道4 汽车服务体系

随着电动化、智能化、网联化的普及，汽车服务生态系统也正在发生天翻地覆的变化。传统的汽车售后、金融、服务等模式将从单一转向多元，将从人配合车的服务切换到车服务于人的方向。

> 电子系统和软件在汽车成本中的平均占比从2000年的19.1%提升至2020年的35%

汽车是一台"计算机"：
- 2030年汽车芯片的市场规模增长将达到1150亿美元，约占整个芯片市场的11%(英特尔CEO预测)；
- 一辆车有33个高精度传感器：激光雷达×1+毫米波雷达×5+超声波传感器×12+高清摄像头×11(某新发布车型)；
- 预计L4自动驾驶需要100 TOPS的算力支持，这大约等于9台iPhone 12手机的算力

不同的硬件系统和软件所用的代码行数

硬件系统	代码行数
iPhone上小应用	5000
F-22战斗机	170万
Linux内核2.2.0版本	200万
美国军用无人机	350万
Photoshop C.S.6	450万
波音787客机	650万
谷歌浏览器	670万
安卓系统	1200万
F-35战斗机	2400万
Windows XP系统	4000万
Microsoft Office 2013	4500万
MacOS X 10.4	8600万
现代高端汽车车载系统	1亿

图4 汽车的软件系统

资料来源：Wind、Codebases、麦肯锡。

汽车销售与服务网络也在发生变革：一方面，电动化将使得汽车零部件减少1/3，这使得维修保养的难度和需求都将降低，传统4S店大概有60%的利润来源于维修，预计到2030年，纯电动汽车的售后服务费将比燃油车少40%。未来4S店的经营模式将受到挑战。此外，动力电池需要更换和回收，衍生出新的服务需求与场景，按当前趋势预估，到2025年中国动力锂离子电池回收市场规模将会是2020年的7.2倍。这必然会导致车企、电池厂商甚至更多跨界企业将参与加入到汽车后服务市场。另一方面，智能化在改变汽车的维护和升级方式，通过远程软件升级即可提升汽车性能。一个典型的例子是特斯拉model 3上市后发现制动距离过长，但不需要召回或零部件更换，只要通过OTA升级就能解决这一问题。同时软件生态的构建正在极大改变汽车未来的商业模式形态，围绕软件展开的服务模式俨然成为行业发展的新趋势。

随着电动化、智能化、网联化而来的自动驾驶也会改变大家的生活方式。如：

使用车辆的方式。现在的汽车使用基本围绕在驾乘方面，但随着自动驾驶功能的逐步成熟，汽车将扮演使用者脱离于家庭和办公场所外的"第三空间"角色，将会参与到更多应用场景，实现更多的功能变现。

汽车的"自我"意识将驱动车辆完成自我检测、维修、升级、价值提升、学习等全新

的能力。人们将从原先"使用+维护"的模式跨入到"使用+管理"的新时代。

围绕未来开放式服务场景,行业将会塑造一整套高度自主化的服务体系,以数字化为基础,服务和商业模式为核心。届时,我们将看到一个比现有服务体系更为庞大的生态,将会高度融入到人们生活的方方面面(图5)。

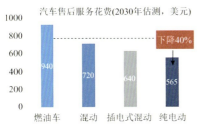

电动化、智能化、网联化意味着汽车售后服务模式和价值链将发生巨大变化:
- 汽车零部件数量将减少1/3,维修难度也随之下降,汽车零部件的维护新需求将集中在电池和软件;
- 通信技术和OTA功能将使汽车在生命周期内不断自我升级;
- 软件生态将极大改变汽车商业形态,围绕软件展开的服务模式将成为行业发展新趋势。

汽车的高度智能化将解放人、服务人:
- 车将成为乘客的"第三空间",传统的驾乘模式将变得以人为本;
- 车将拥有"自我"意识,自我实现维修、升级、价值提升等;
- 未来的服务体系将是高度自主化的综合服务体系,边界将全面拓展到人们的生活

图5 汽车服务体系

资料来源:Wind,德勤,McKinsey & company,Forbes,Statista,SNE Research。

(五)赛道5 汽车生态体系

最后一点是整个汽车生态系统的变化。上游的能源供给从石油变成了电力;汽车的补能方式从加汽油变成了充电换电,产生了充电桩、换电站这样千亿规模的市场。

更重要的是,自动驾驶技术的发展与成熟,还将衍生出新的服务需求与场景,并颠覆现有的出行方式,使得原本"人找车"的情况,转变为"车找人"的新业态。

为了"驾驶",整个社会付出了大量的人力、时间、金钱。中国驾照持有者数量约为4.1亿人,假设每人学车和练车花100个小时,这些时间加起来就是460年;假设驾照持有人平均每人每年花50个小时开车,按中国最新人均工资测算,相当于全社会浪费了9800亿的产出(图6)。

能源：从石油到电力
- 预计动力电池2030年的市场规模将达到3555 GW·h，为2020年的16.7倍。

补能：加油站到充电桩、换电站
- 公共充电桩过去5年年化复合增长93.6%，个人充电桩增长218.4%；未来5年预计市场还会增长1倍以上。

以自动驾驶为核心的智能服务将会使原来的"人找车"变成"车找人"
- OTA让服务通过软件在线获取；
- 自动接泊解放了人找车、找车位的时间；
- 自动充/换电让人省去加油、充电的麻烦。

为了"驾驶"，整个社会付出了大量的人力、时间、金钱

460年
中国驾照持有者数4.1亿，每人学车、练车花费100小时

9800亿
中国驾照持有者数4.1亿，假设每人驾驶时长50小时，最新全国人均时薪48元

8%
堵在路上
美国人年均堵车时长23小时，年均驾驶时长293小时

17小时
在停车
美国人每年平均找车位的时间为17小时。大城市花费会更多，纽约则为107小时

33万元
运营成本
中国约有278万出租车司机，2051万网约车司机。按5年运营周期测算，自动驾驶出租车相比网约车运营成本可减少约33万元

10%
物流成本
中国有超过3000万的货车司机；物流成本中的司机成本占比约为10%

✓ 根据测算，自动驾驶汽车占比10%，美国每年能够节省377亿美元；自动驾驶汽车超过90%，美国每年能够节省4471亿美元的社会成本

📍 图6　汽车生态体系

资料来源：Wind，德勤，McKinsey & company，Forbes，Statista，SNE Research，AAA，美国交通部。

同时，开车时人们还不可避免要面对堵车和停车难的问题。以美国汽车协会统计，美国人年均驾驶时长293 h，其中堵车的时长就占到23 h，占比接近8%，且总里程中62%都是一个人独自驾驶状态。在停车上，美国人每年平均找车位的时间为17 h。大城市花费会更多，纽约则为107 h。

在打车和物流上，数据也十分惊人。中国有近300万出租车司机，超过2000万的网约车司机；超过3000万的货车司机，这么多专业驾驶员，在物流成本中的占比就达到10%。林林总总这些数据，能看出来一旦驾驶自动化，会给社会成本带来多大的改变。

百度Apollo有一个测算，5年运营周期里，自动驾驶出租车相比网约车运营成本共计低约33万元；根据另一个机构的测算，美国社会如果自动驾驶渗透率达到10%，全社会每年能够节省377亿美元；假设自动驾驶汽车超过90%，美国每年能够节省4471亿美元的社会成本。

自动驾驶不仅节省了司机的人力成本，对社会资源和交通效率也会有明显的提升，例如拥堵和事故发生率理论上都会大幅的好转。

自动驾驶也会改变大家的生活方式，例如：

改变拥有汽车的方式，自动驾驶可以令一辆汽车很容易在不同时间高效服务不

同的人,例如早上你把汽车开到了公司,整个白天就用不着了,就可以给汽车一个指令,让汽车上街载客,帮你赚钱。反过来,如果这种全自动无人驾驶成真,你不需要买一辆车,也可以随时有出行需要,随时得到满足。

自动驾驶会让车内空间有更丰富的可能性,汽车可以成为一个移动的电影院、K歌房、工作室……

未来汽车有这么强大的计算能力,本身又有超强的移动能力,可以成为人类功能强大的智能机器人助理。如果设计好配套的社会基础设施,它可以帮你去超市采购,帮你接送客人,给你的其他移动设备提供算力支持等。

在五大赛道的竞争态势下,国轩高科作为产业链上的一环,也从内到外,从技术到材料,从个案到标准,进行了深入的思考。

国轩高科:从技术走向科学

什么是技术?我们认为技术是发明,解决的是"做什么,怎么做"的问题,技术的外在表现形式是一定的物质形态,技术是一种认知经验的提升,属于"改造自然"范畴。

而科学,我们认为它是一种创造,解决的是"是什么,为什么"的问题,科学的外在表现形式应该是知识形态或理论形态,科学是一种追本溯源的精神,属于认识课题、"认识自然"范畴。

国轩高科自2006年成立以来,一直专注于动力电池的研发生产与制造。我们也经历了从单纯关注电池技术进步到关注电池科学、材料科学和产品科学的全方位进步;从单纯强调电池能量密度到强调电池的本征安全和全生命周期的安全;从做"精铁锂"、做"强三元"、做"大储能"的产品路线到专注能源存储和能源转换技术的进步;从专注技术驱动到专注科技创新的策源能力。我们搭建研发与验证平台,吸引更多人才加入新能源行业,共同推动新能源领域的科技进步。我们每年投入营业收入的至少10%用于研发,从原来合肥市的一个小小的工程研究院到现在遍布全球的八大研发中心、四大验证基地和三大验证平台(材料、电芯、系统);从原来单纯的关注电池成本的降低到现在关注电池前端资源的可取性和对自然环境的保护;从原来努力将国轩电池装到更多新能源车上,转变为从国家"3060""碳中和"战略的总体目标出发,做好企业的研发布局、资源布局和人才布局。

2010年，全球首条纯电动公交车合肥18路公交车全线搭载国轩高科电池，运行8年无事故，成为行业典范，这也坚定了国轩高科做"精铁锂"的信心与决心。2021年，国轩高科的铁锂电池能量密度达到230 W·h/kg，领先全球。同时我们超过300 W·h/kg的三元电池也已成功搭载多款中高端乘用车，如长安欧尚、科尚EV（MPV）、北汽EX3（SUV）等。2021年9月，国轩高科装机量排名行业第三。我们也在同步布局固态、半固态等前瞻技术研究。

　　2025年，根据规划，我们的研发人员将达到5000人，人才、平台是国轩高科成为一家技术型公司的基石。我们的专利技术也遥遥领先同行企业，2020年获得中国民营企业科技创新能力百强第38位（图7）。

国轩高科：从电池走向材料

　　电池是新能源汽车的核心零部件，国轩高科自成立以来，一直专注于动力电池的生产制造，聚焦电池制造技术的精进提升，目前有方形、圆柱形、软包等多样化产品。与大众合作"20 GW·h大众标准电芯"的项目，将通过一种高度兼容的电芯设计方案，使得电池制造生产工艺极大简化，成本大幅降低，并将为大众提供全球首款量产的标准电芯（图8）。

　　电池生产成本中，材料科学占比在50%以上，电池科学和产品科学合计占比50%。我们深知材料对于电池的重要性，不仅聚焦电池制造，更是积极布局上游原材料、矿产资源端。目前已具备了正极、负极、隔膜、电解液四大主材研发、布局和应用全方位的能力；在宜春布局了碳酸锂材料研发基地，在乌海布局了负极石墨材料研发基地，后续还会有更多的研发基地布局，我们将不断推进高性能铁锂材料产业化、高镍、高电压三元产业化、高性能负极材料产业化，以及高安全隔膜、功能电解液、陶瓷基固态电解质材料的开发等。

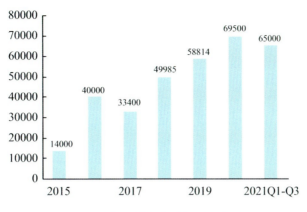
国轩高科历年研发投入(亿元)

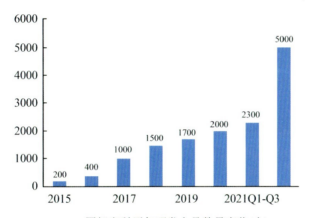
国轩高科历年研发人员数量变化(人)

国轩高科历年获批专利数(个)

图7 国轩高科历年研发投入、研发人员数量、获批专利数变化图

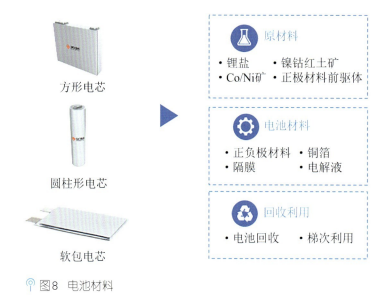

图8 电池材料

国轩高科：从国内走向国际

国轩高科现已在全球布局了12处生产基地，海外市场已覆盖欧洲、北美、亚太等重点区域；海外储能业务多点开花，通过合资、收购、投资等合作模式在海外拓展布局。

2020年大众集团投资87亿元人民币入股国轩高科，是大众集团在中国国内最大的单笔投资。大众集团把国轩高科视为战略性合作伙伴，不仅是通过资本注入让国轩高科产能扩充，同时还派遣多名高管任职国轩高科核心岗位，提升管理和研发能力；在研发上与国轩高科签署标准电芯研发定点合作；下一步将合作在海内外建设标准电芯工厂。

正如大众集团（中国）CEO冯思翰博士在签约仪式上所说：大众的未来靠国轩，国轩的未来靠大众。双方将为共同的"碳中和"目标而携手并进。

国轩高科：从企标走向国标

标准化是新能源产业的基础和引导，没有标准，企业最终是"盲人摸象"。"标准源于产业,标准服务产业"。多年来,国轩高科坚持致力于标准化生产与研发,并与政府、机构、行业组织保持密切合作沟通。

在技术探索、前瞻规划上,国轩依托产品研发优势,总结产业发展经验,探索前瞻技术,共制定高于国标的企业标准111项。

国轩高科还秉持"经验分享,服务产业"的理念,主动参与标准制定,助力产业发展。国轩高科共参与国标、行标制定24项,其中动力电池及电池回收方向有16项。

此外,国轩高科也在积极整合资源,标准共享。在没有国标或者国标要求较低时,国轩高科从产业中实践,在科学探索中发展,总结经验,制定企业标准;考虑到国际标准、国家标准适用范围更广,协商层次更高,更有利于助力产品的流通,国轩高科也在把行业标准(简称行标)进行共享。

截至2021年9月,国轩高科在用标准共3500余项,包含国际标准630项,国家标准1430项。标准打破动力电池上、中、下游存在的产业壁垒,助力企业发展。

各企业参编的国标/行标统计如表1所示。

表1 各企业参编的国标/行标统计

企业	国标/行标数量
国轩高科	24
宁德时代	34
中航锂电	3
塔菲尔新能源	0
欣旺达	5
蜂巢能源	1
亿纬锂能	3
孚能科技	0
捷威动力	2
天津力神	14
比亚迪	16

国轩高科主持及参与标准制定共计41项,其中包括2项国际标准、20项国家标准、4项行业标准、5项地方标准和10项团体标准(图9)。

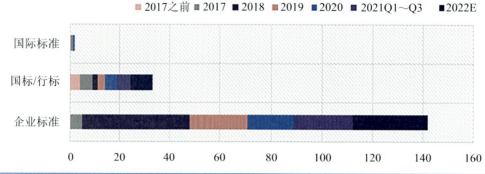

时间	企业标准	国标/行标	国际标准
2017之前		4	
2017	5	5	1
2018	43	2	
2019	23	3	
2020	18	5	1
2021Q1～Q3	23	5	
2022E	30	9	

图9　国轩高科近历年参编标准数据

标准是人类文明进步的成果

2016年9月12日,习近平总书记向第39届国际标准化组织(ISO)大会发送贺信。习总书记指出,标准是人类文明进步的成果。伴随着经济全球化深入发展,标准化在便利经贸往来、支撑产业发展、促进科技进步、规范社会治理中的作用日益凸显。标准已成为世界"通用语言"。世界需要标准协同发展,标准促进世界互联互通。

总书记强调,中国将积极实施标准化战略,以标准助力创新发展、协调发展、绿色发展、开放发展、共享发展。中国愿同世界各国一道,深化标准合作,加强交流互鉴,共同完善国际标准体系。

他还指出标准助推创新发展,标准引领时代进步。国际标准是全球治理体系和经贸合作发展的重要技术基础。国际标准化组织作为最权威的综合性国际标准机构,制定的标准在全球得到广泛应用。

人类文明发展离不开能源的革新,事实上每一次能源革命背后都有标准革新的影子:

第一次能源革命,动力装置是蒸汽机,能源是煤炭,交通工具是火车,蒸汽技术革命由此肇始,英国借此赶超了荷兰。其中就有以互换性为核心的公差标准、产品标准的应用,如惠氏螺纹。

第二次能源革命,动力装置是内燃机,能源是石油和天然气,能源载体是汽油和柴油,交通工具是汽车,引发了电力技术革命,美国借此赶超了英国。其中先进国家都是通过制定标准,实现简化生产。期间标准化组织开始成立,如ISO、IEC、ITU。

现在正处于第三次能源革命,动力装置是各种电池,能源是可再生能源,能源载体有两个——电和氢,交通工具是电动汽车。这一次也许是中国赶超其他国家的机会。目前,各国已将标准化提升到战略层面,标准化活动成为国际共识。例如"碳中和"的相关标准目前已在全球范围内得到商议探讨。

弗兰克·英格尔
大众汽车集团(中国)执行副总裁

    1992年加入大众汽车集团,在零部件生产管理方面至今有近30年(在中国区超过20年)的专业经验。1992年至2001年英格尔先生开始参与负责集团位于德国各地以及中国长春、上海等多个城市的生产规划。2003年至2007年,英格尔先生担任大众汽车品牌规划部负责人,负责规划品牌在欧洲各国及中国(包括长春、上海和大连)的多个发动机项目。2007年至2013年,英格尔先生担任上海大众汽车动力总成有限公司的总经理,在他任职期间,发动机工厂的员工数从400名增至近3000名,发动机产量从2007年的48000台增至2013年的近120万台。2019年5月,英格尔先生接任企业零部件、物流以及质保部门的执行副总裁一职,主要负责大众汽车集团在中国的所有零部件业务,除传统发动机和变速箱工厂外,还包括电池系统装配和MEB工厂。

大众汽车电池技术路线以及与国轩高科的战略合作

国轩高科第11届科技大会

众所周知,大众汽车集团(以下简称"大众集团")正在向电动化加速转型。大众集团制定了成为全球电动汽车市场领导者的战略目标。正如2021年集团在"Power Day"中提到,到2030年,纯电动车型在大众集团中的占比将会达到60%。中国是大众集团最重要的市场,为了更好地满足中国消费者的不同需求,大众集团在中国规划了具有吸引力的电动汽车产品。到2025年,大众集团旗下各品牌将有15款车型由电动车模块化平台(MEB平台)在中国本土生产。届时,大众集团在中国的产品组合中,电动化车型将达到35%,预计每年可交付约150万辆新能源汽车。大众集团的目标是到2030年,成为中国电动汽车市场的领导者,并继续保持在中国市场的领先地位。

在大众集团的电动化攻势下,为了使我们的电动汽车对消费者更具吸引力和更可靠,集团将应用标准电芯技术。大众集团标准电芯为方形电池,能够兼容未来产品和生产方面的技术创新。在纯电动汽车中,电池系统是最昂贵的部分,标准电芯将有助于显著降低成本。在电芯中,化学成分是决定车辆性能的关键因素,也是主要的成本动因,可占总成本的2/3。因此,我们必须专注于此,以确保我们的品牌竞争力,成为市场的领导者。大众集团正努力在包括电芯及相关零部件在内的电池系统技术上取得重大进展。大众集团已具备良好的电池系统的建造能力,同时也需要着重聚焦电芯及其化学成分的技术发展。大众集团的目标是降低电池的成本并简化生产工艺,同时提升电池续航能力和性能,以满足集团不同品牌的需求。标准电芯将助力实现这一目标,并将工艺复杂性保持在可控水平。

与此同时,大众集团旗下入门级车型上搭载的电池成本将降低50%,搭载于量产车型的电池成本将降低30%。此外,在高端细分市场,高性能和高里程也可以得到保证。大众集团通过在不同车型运用合适的电芯化学成分,进一步降低电池成本。首先磷酸铁锂正极材料将应用于入门级车型,该材料在成本方面具有较大的优势,且该技术开发成熟并经过长期验证,但在续航里程上略有劣势。其次高锰正极材料将应用于量产车型。从长远角度来看,高锰电芯是一项非常具有前景的技术。它的电池成本相对较低,同时在续航里程上有很大优势。最后在高性能、高里程车型上将搭载镍锰钴为正极材料的电池。三元正极材料电池成本较高,但其能够显著提升续航里程。我们的目标是固态电池,因为它可以缩短充电时间,性能更高。标准电芯技术将于2023年引入,到2030年,该技术将被应用于大众集团旗下各品牌约80%的电动车型中。标准电芯揭示了电池技术的第二波浪潮。一方面,大众集团将继续和关键供应商深化战略合作;另一方面,大众集团将开始自主生产电池电芯。大众汽车集团位于萨尔茨吉特的电池工厂将从2025年开始生产标准电芯,并在工艺、设计和化学成分方面开展研发创新,该工厂年产能也计划达到40 GW·h。国轩高科是德国萨尔茨吉特工厂的技术合作伙伴。除了标准电芯和自主生产规模的持续扩大外,大众集团的新技术路线还将专注于整合价值链上从原材料到工业回收的更多步骤。大众集团致力于实现商业模式的平衡,包括从外部供应商采购、自主生产和与战略合作伙伴的合作生产。大众集团希望与战略性合作伙伴一起长期保证其电动化攻势的电池供应。说到战略合作伙伴,国轩高科是大众集团在电池领域最重要的合作伙伴之一,为大众集团在中国的电动汽车未来的电池需求提供保障。

大众集团收购了国轩高科26%的股份后,双方的合作关系于2020年正式建立。大众集团成为首家直接投资中国电池生产企业的外资汽车公司。与国轩高科的合作为大众集团在电池领域获得更深入知识提供了机会。同时,国轩高科也将得益于大众集团在汽车领域的丰富经验和知识。在目前与国轩高科的合作中,大众集团承担着三个角色。作为股东,大众集团会参与国轩高科公司的管理(英格尔本人就是国轩高科董事会的董事之一),大众集团也支持董事会委员会以及经管会流程的建立,以加强企业管理能力;作为顾问,大众集团外派专家到现场支持公司流程和标准的改善,实施国轩高科与大众集团之间的交流项目,以加强双方在电池领域的合作伙伴关系。此外,国轩高科根据大众集团的标准为其量身定制产品。今后,大众集团与国轩高科将持续开放友好的合作,携手共赢。

创新、改变与可能的未来

能源问题日益严峻,新能源科技创新已成为全球共同关注的焦点。有眼界,才能成长;有心界,才能创造;有境界,才能发展。只有致力于新能源科技的研究和开发,加强新能源技术应用与产业化的深度融合,推动新能源产业的快速发展,才能够实现经济、环境和社会的可持续发展。未来将会是新能源汽车革命、可再生能源革命和人工智能革命突飞猛进、协同发展的全新时代!

180 / 科学家与工程师主导的交叉融合推动了科技创新
　　　　陈晓剑　中国科学技术大学教授

188 / 继续保持中国新能源汽车和动力电池的优势
　　　　董　扬　中国汽车工业协会原常务副会长兼秘书长

192 / 汽车产业低碳变革与企业转型
　　　　马仿列　中国电动汽车百人会副秘书长

204 / "双碳"目标下新能源汽车与动力电池产业技术展望
　　　　吴志新　中国汽车技术研究中心有限公司副总经理

陈晓剑
中国科学技术大学教授

中国科学技术大学科技战略前沿研究中心主任,合肥国家实验室高级研究员。长三角地区一体化发展决策咨询专家(首批聘请全国十名专家)、浙江省推进长三角一体化发展专家咨询委员会专家、安徽省推动长三角一体化发展专家咨询委员会副主任、杭州市委杭州市人民政府咨询委员会副主任、国务院特殊津贴专家。

科学家与工程师主导的交叉融合推动了科技创新

"Tech7创新者"科技报告会

人类历史上,有三次颠覆性的科学革命将人类文明引领到了新的历史高度。第一次是以牛顿为代表的一大批科学家推动建立的近代自然科学体系,第二次是以能量守恒与转化定律、细胞学说和进化论三大发现为代表的实验科学体系,第三次是以爱因斯坦相对论为代表的科学观重大变革。我们不难发现,科技创新从通过抽象思考推理得出结论的思辨开始,跨越了以记录和描述自然现象为主的实验观测阶段、以利用模型归纳总结为主的理论推演阶段,到对复杂现象进行模拟进而推演出越来越多复杂现象的计算仿真阶段,现已开始步入新的阶段。

美国耶鲁大学科学史专家德里克·普赖斯(De Solla Price)将他1962年的讲演内容整理成了一本科学理论著作——《小科学·大科学》,这本书中首先提出"小科学"与"大科学"的说法。虽然有关二者的具体定义至今也未有明确的说法,但直观而言,小与大的区别首先是量的变化,其次是增长的结构性变化及其引起的质变。从科技发展规律来看,二战后科技创新模式逐渐从传统的欧洲式"自由探索"模式发展到以国家为主体的"大科学工程"模式与以市场为主体的"需求牵引"模式相结合。大科学也被广泛理解为二战以后快速发展的科学领域中(如高能物理、核物理),依靠大型仪器设备、大规模科研团队与巨额研究预算的科研活动。

对100多年来诺贝尔物理学奖的成果进行统计,可以发现,在1950年以前,大约只有1项成果是来自大科学装置的;到1970年以后,如天文望远镜、科学卫星以及加速器等,其中超过40%是源于大科学装置;而从20世纪90年代以来,这个比例进一步上升到48%。可以看出,重大科学技术突破越来越需要学科的交叉融合,越来越依赖大型科学仪器、跨学科团队的合作。

当前,新一轮科技革命与产业变革正在孕育,未来科技创新发展可能伴随着四个特征(图1):

图1 新的创新范式的四个典型特征

第一是基础性,它的底层逻辑是科学问题的发现和探索,是颠覆性思想和原理的产生。日本著名物理学家寺田寅彦曾指出:"无论任何时代,阻碍科学进步的因素并非来自缺少知识的外行人,而是来自科学家自身对科学的使命和本质认识不足。因此我辈当深刻反省才能进步。"

基础研究是通往创新型强国的直通车。比如17世纪的英国,涌现出牛顿、胡克、波义耳等一大批科学家,先后创造了牛顿力学、电磁场理论、进化论等一批科学理论,推动英国成为当时的世界科技中心。早在二战时期,美国国家自然科学基金之父万尼瓦尔·布什(Vannevar Bush)在他牵头起草的《科学:永无止境的前沿》研究报告中明确将基础研究置于创新链的源头位置,推动形成了"基础研究—应用研究—技术开发—商业应用"的科技与产业创新线性模式的全链条,对全球基础研究发展产生了深远影响。

第二是交叉性,交叉合作是创新思想的主要来源或方式,一些跨学科和交叉领域可能有更多的意外之喜,一旦被应用到其他领域,就会引起人类生活和社会结构的巨大变革。交叉学科以现实中重要实践问题解决为出发点,融合了不同学科的范式,构建了以"问题解决"为中心的研究模式,推动了以往被专业学科所忽视的研究。比如20世纪的标志性新兴研究学科中的认知科学,其主要研究"在认识过程中信息是如何传递的",是以哲学、心理学、语言学、人类学、计算机科学和神经科学六大学科为基础构成的交叉学科。

在物理学界,1905年以"奇迹年"著称。就在这一年,爱因斯坦发表了4篇彻底改变物理学的论文。他解释了布朗运动,印证了原子和分子的存在;发现了光电效应,向量子力学迈出了关键的一步,并因此在15年后获得了诺贝尔奖;创立了广义相对论,完全改变了我们对时间和空间的认知;在这一年的年末,他写下了世界最著名的公式：$E=mc^2$。所有这一切都是他一人独立完成的。

实际上，1950年科学与工程领域的论文几乎有一半是由一位作者独立完成的；但到了2000年，作者只有一位的论文数量大幅减少，而团队发表的论文数量占到了80%；到了2007年，*Nature*期刊上每篇论文的作者数量达到了1950年的4倍，唯一作者的论文几乎都消失了。科研团队化的驱动因素并不仅仅来自于科学实验越来越大、越来越复杂，还来自于最优秀、最聪明的科学家越来越愿意合作，科学交叉的趋势越来越明显。例如：

（1）2001年48人署名在*Nature*期刊上发表了一篇文章：*Initial sequencing and analysis of the human genome*。这是一篇解释人类基因组计划的重要文章（图2）。

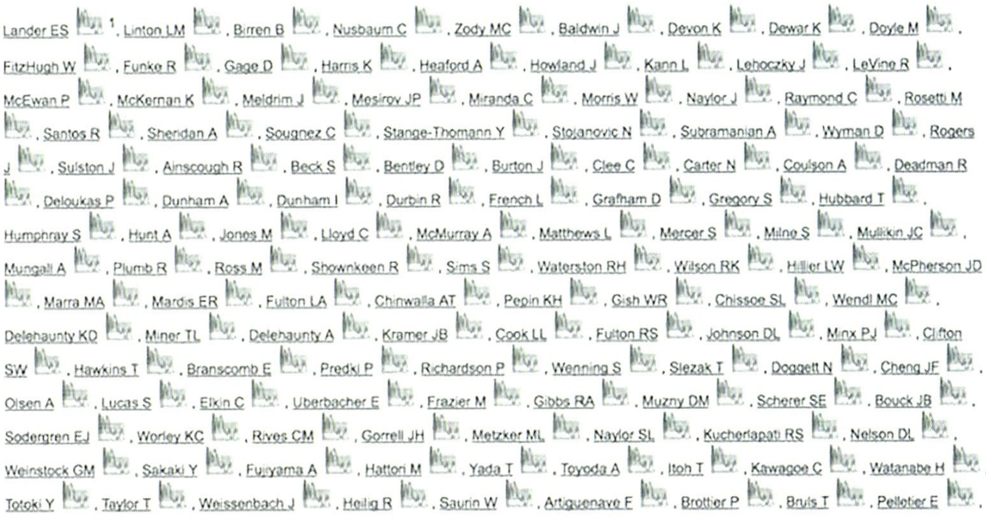
Lander ES 1, Linton LM, Birren B, Nusbaum C, Zody MC, Baldwin J, Devon K, Dewar K, Doyle M, FitzHugh W, Funke R, Gage D, Harris K, Heaford A, Howland J, Kann L, Lehoczky J, LeVine R, McEwan P, McKernan K, Meldrim J, Mesirov JP, Miranda C, Morris W, Naylor J, Raymond C, Rosetti M, Santos R, Sheridan A, Sougnez C, Stange-Thomann Y, Stojanovic N, Subramanian A, Wyman D, Rogers J, Sulston J, Ainscough R, Beck S, Bentley D, Burton J, Clee C, Carter N, Coulson A, Deadman R, Deloukas P, Dunham A, Dunham I, Durbin R, French L, Grafham D, Gregory S, Hubbard T, Humphray S, Hunt A, Jones M, Lloyd C, McMurray A, Matthews L, Mercer S, Milne S, Mullikin JC, Mungall A, Plumb R, Ross M, Shownkeen R, Sims S, Waterston RH, Wilson RK, Hillier LW, McPherson JD, Marra MA, Mardis ER, Fulton LA, Chinwalla AT, Pepin KH, Gish WR, Chissoe SL, Wendl MC, Delehaunty KD, Miner TL, Delehaunty A, Kramer JB, Cook LL, Fulton RS, Johnson DL, Minx PJ, Clifton SW, Hawkins T, Branscomb E, Predki P, Richardson P, Wenning S, Slezak T, Doggett N, Cheng JF, Olsen A, Lucas S, Elkin C, Uberbacher E, Frazier M, Gibbs RA, Muzny DM, Scherer SE, Bouck JB, Sodergren EJ, Worley KC, Rives CM, Gorrell JH, Metzker ML, Naylor SL, Kucherlapati RS, Nelson DL, Weinstock GM, Sakaki Y, Fujiyama A, Hattori M, Yada T, Toyoda A, Itoh T, Kawagoe C, Watanabe H, Totoki Y, Taylor T, Weissenbach J, Heilig R, Saurin W, Artiguenave F, Brottier P, Bruls T, Pelletier E,

图2　人类基因组计划文章的部分作者名单

（2）2010年57000多人署名在*Nature*期刊上发表了一篇文章：*Predicting protein structures with a multiplayer online game*。华盛顿大学David Baker教授的一篇和游戏有关的科研论文，通过多人联机游戏预测蛋白质结构。文章的作者栏中写上了“>57000 Foldit players”（超过57000个Foldit游戏玩家），作者单位写的是“Worldwide”（网络）。

（3）2015年5154人署名发表了一篇物理学论文：*Combined measurement of the higgs boson mass in pp collisions at =7 and 8 TeV with the ATLAS and CMS experiments*。全文33页，正文和参考文献只有9页，其余的24页全是论文作者和研究机构的名单。

（4）2016年1011人署名发表了一篇*Physical Review Letters*中的“诺奖级”论文：*Observation of gravitational waves from a binary black hole merger*。这篇宣布成功观测到引力波的论文列出了来自世界各地的1011位作者，他们当中有物理学家、工程师，

也有管理实验运作的行政人员。值得关注的是,这1011位作者中诞生了三位诺贝尔奖获得者:Rainer Weiss,Barry C. Barish,Kip S. Thorne(2017年诺贝尔物理学奖获得者)。

科学上新理论、新发明的产生,新工程技术的出现,往往都是在学科的边缘或交叉点上。当不同学科、理论之间相互交叉,同时一种新技术达到成熟的时候,就有可能出现理论上的突破和技术上的创新。对20世纪的466位获得诺贝尔奖的科学家进行统计,其中超过40%的科学家具有交叉学科背景,特别是20世纪的最后25年,接近50%的获奖者具有交叉学科背景。例如,DNA分子双螺旋结构的发现,就是依靠化学、生物学、物理学交叉融合取得的(图3)。

Francis Harry Compton Crick (1916~2004)　　James Dewey Watson (1928~)　　Maurice Hugh Frederick Wilkins (1916~2004)

1962年诺贝尔生理学/医学奖

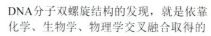

DNA分子双螺旋结构的发现,就是依靠化学、生物学、物理学交叉融合取得的

图3　DNA分子双螺旋结构及其发现者

第三是数据性,以往的科技革命都是基于对物理规律决定的因果规律的认识,进而获得知识,改造世界;大数据"金字塔"模型中,数据是最原始的信息表达方式,基于算法在纷繁的数据中建立背后关联、深度解读知识,进而分析科学态势、把握技术走向,人类也就有了判断力和预测力的智慧(图4)。当前,人类社会正从"马力时代""电力时代",演进到"算力时代",但是我们通常只有效使用了不到20%的数据(甚至更少),如果剩余80%数据的价值激发起来,世界会变得怎么样呢?我们可以通过这一轮"ChatGPT"带来的大模型(Foundation Model)热潮看到一些未来趋势。通过亿级的语料或者图像进行知识抽取、知识学习,进而产生亿级参数的大模型,简单来讲就是"大数据+大算力+强算法"的组合:为了学习某个东西,必须输入数量足够多且丰富的数据;算法必须足够灵活,才能捕捉数据中的复杂性;还必须有足够的计算能力来运行算法。目前智能化程度做得最好的大模型产品就是ChatGPT,从"GPT-1"到"GPT-4",升级速度始料未及,海量语料、海量会话与海量用户涌现,在内容创意生成、对话、搜索或风格互译等方面产生了"无中生有"的能力(表1)。

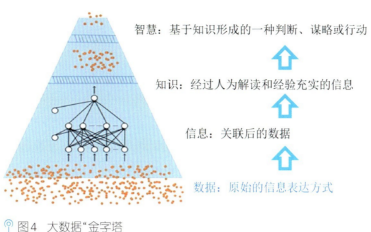

图4 大数据"金字塔"

表1 GPT模型演变

	GPT-1	GPT-2	GPT-3	GPT-4
诞生时间	2018.6	2019.2	2020.5	2023.3
训练参数量	1.17亿	15亿	1750亿	官方数据未发布
数据库规模	5 GB	40 GB	45 TB	官方数据未发布

注：GPT-4中的训练参数量和数据库规模数据尚未公布，但比以往任何时候更具有创造性和协作性，能够更准确地解决问题。

第四是生态性，科技创新越来越成为破除生态危机、产生生态红利的关键，它来自于人类、自然与科技的智慧融合和协同共生，能引发新技术、新产业、新经济的发展浪潮。

伴随着科技创新的四个特征，科技发展的一个显著的趋势就是科学家和工程师主导的科学、技术与工程的关系越来越交叉融合，并且推动了创新。

人们谈及较多的还是科学和技术的关系。《德国技术史》一书中提到，"科学与技术存在一种根本的矛盾：科学的法则是对知识的追求，技术的法则是对有用物件的开发。人们对科学的理解不能仅仅局限于在大学里所做的事情，方法上更精确、更系统和具有实验性的研究精神在工业实验室中得以体现，不仅是技术，科学也对此产生了重要作用。"人们往往认为科学指导产生了技术，而复杂经济学创始人布莱恩·阿瑟(W. Brian Arthur)在《技术的本质》一书中从经济学视角认为，"技术不是科学的副产品，或许恰好相反，科学是技术的副产品。"

工程似乎是被忽略的一个领域。《工程思维》一书的作者马克·霍伦斯坦(Mark N. Horenstein)认为，"设计是工程的核心，科学家通过观察具体现象并得出一般性的结论,而工程师则恰恰相反,在于由通用规律到解决特殊问题。"正如我国著名科学家钱学森先生、钱伟长和郭怀永的导师西奥多·冯·卡门(Theodorevon Kármán)说的,"科学家研究世界的本来面目,而工程师则创造不曾有的世界。"另外,《20世纪改变美国的工程思想》一书也提到,"工程和科学在未来可能会越来越交织在一起,但这两者同样是研究的基础,而不是一个来自于另一个……科学家和工程师都具有创造性,因为他们都质疑和探索知识的界限。科学家挑战我们对自然的理解,而工程师挑战我们对设计能力的理解。当在研究自然和自然属性时,实际上是在做科学工作;而从事设计工作时,实际上是在做工程工作,使用科学一词来代替这两种活动,实际上是模糊了工程师设计新事物所需的独立思考能力。"如果说科学是发挥想象力寻找无限可能,工程则是在考虑实际产业、社会问题和自然资源的一套最经济的标准基础上,寻找最有可能的路径过程。例如《超级产品的本质:汽车大王亨利·福特自传》一书中说到,亨利·福特有三个追求,一是对汽车动力的野蛮追求;二是对汽车重量的追求,要轻之又轻、减之又减;三是对价格降之又降。当时的一台汽车要3000~5000美元,随着福特公司发明了生产流水线,每辆"T"型车的售价从1910年的950美元降到1917年的360美元。好的产品经由工程设计,最终影响运营成本,是福特获得消费者与市场利润的一个经验。

总的来说,科学在于寻找方向,发现自然界的规律,并形成系统的知识指导工程与技术应用,它强调长期性和沉淀性;工程则是在各种组合方案中,采用科学知识来构建、设计和创造效率更高、效果更好的方法;技术则是为了解决问题的所有方法、工具、设备、过程,甚至经验的总和,它强调可重复性,依靠可复制性。三者互相融合,正如《光刻巨人——ASML崛起之路》中荷兰ASML公司光刻机产品占领市场的过程,科学家必须寻找光刻胶的各种成分组合及其特点,并寻找不同材料的物理特性,通过大量的测试形成知识,这些知识不仅用于光刻这个环节,还能用于离子注入等环节;工程师根据这些知识设计出光刻机,并经过测试验证和改进;技术人员则利用各种工具和经验进行实际操作(图5)。

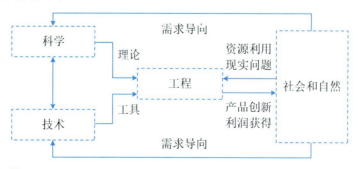

图5 科学、技术与工程的关系

我们关注的一点是,科学家和工程师的工作都不是管理流程的一部分,科学家和工程师的洞察力和想象力在突破式创新和积累式创新中各自发挥作用。《20世纪改变美国的工程思想》中有这样一段话,"将创新作为一种流程来管理和维持,是否对基本的工程洞察力有益。罕见的洞察力和(或)一次性目标是创新的特征,而不是任何正常意义上的流程的一部分。"从坐标轴思维看科技创新,往往有一个好奇心驱动的纵向创新和一个问题导向的横向创新。好奇心驱动的科学研究主体主要是大学,从0到1的创新伴随着科学重大发现和发明的突破式纵向创新,目的在于揭示世界本质,不关心商业应用,但实现这样创新的科学家毕竟是少数,且这类创新少有发生。科学原理和自然属性的知识对于公共工程、新能源、航空航天和电子领域的突破性创新是必要的,但科学并没有提供设计所需的洞察力。

工程师实际上是解决实际问题的,且关乎动态的积累式迭代过程。应用导向或问题导向的研究主体主要是企业,企业在现有技术上改进完善以解决现实问题的积累式横向创新越来越多,并在解决具体问题时引发跨科学研究。对于积累式横向创新来说,工程师的创造性思维和洞察力特别重要,例如美国贝尔实验室工程师为了优化通信系统,创造了晶体管。晶体管的发明最早可以追溯到1929年,当时工程师利莲费尔德取得了晶体管的专利,但是制造材料达不到足够的纯度,使晶体管无法制造出来。贝尔实验室在寻找比早期使用的方铅矿晶体性能更好的检波材料时,发现掺有某种极微量杂质的锗晶体的性能优于矿石晶体。1945年秋天,贝尔实验室成立了以肖克莱(William Shockley)为首的半导体研究小组,成员有布拉顿(Walter Brattain)、巴丁(John Bardeen)等人。他们经过一系列的实验和观察,发现在锗片的底面接上电极,在另一面插上细针并通上电流,然后让另一根细针靠近并通上微弱的电流,这样原来的电流就会产生很大的变化。微弱电流少量的变化,对另外的电流产生很大的影响,这就是"放大"作用。利用放大效应,他们成功制造出第一个晶体管,并在1956年,肖克莱、巴丁、布拉顿三人同时荣获诺贝尔物理学奖。

董 扬

中国汽车工业协会原常务副会长兼秘书长

中国汽车动力电池产业创新联盟、中国电动汽车充电基础设施促进联盟理事长,中国智能网联汽车产业创新联盟、中国汽车芯片产业创新战略联盟联席理事长、中国汽车芯片产业创新战略联盟功率半导体分会理事长,中国电动汽车百人会副理事长,德载厚资本董事长兼投委会主席。曾在中国汽车工业总公司、机械工业部、国家机械局工作,历任副处长、处长、副司长;主持制定全国汽车行业"八五""九五"科技规划,代表中国参加WTO谈判。曾任多年北京汽车集团有限公司(简称北汽)总经理,领导筹建北京现代、北京奔驰等合资企业,领导发展北汽福田。曾多年担任中国汽车工业协会常务副会长兼秘书长,期间该协会被民政部评为"5A"级协会,曾任世界汽车组织(OICA)第一副主席。

继续保持中国新能源汽车和动力电池的优势

国轩高科第11届科技大会

中国新能源汽车发展经验

中国政府动员全社会推动新能源汽车市场发展，市场带动技术发展的道路，经实践证明是成功的。在新能源汽车发展战略上，中国政府干预强，而其他各国政府干预相对较弱。此种差异与新能源汽车发展的自身规律有关。其一，新能源汽车主要效益是社会效益，不是技术上的经济效益，所以单靠市场拉动速度要慢。其二，新能源汽车依赖基础设施，连片成区的基础设施建设必须由政府推动。综合以上两点可见，国家政策支持可以推动新能源汽车的初期市场迅速形成。市场形成后，技术自然进步。这里特别强调，中国新能源汽车技术的发展主要依靠市场，市场形成主要依靠政府，这是一个连锁反应和因果关系。

发展新能源汽车，要从新能源汽车自身的技术规律出发。这里有两个方面的问题。其一，新能源汽车的安全问题。在中国新能源汽车发展过程中，出现了很多安全问题，例如着火问题，不过当前已经得到了很好的解决。中国解决新能源汽车安全问题的技术路线与其他国家略有差异。国际上多从传统汽车发展新能源汽车，使用电池及电池系统来替代发动机动力系统，所以非常注重电池本身的安全问题，很多公司生产的电池本身安全性很强。中国是用全产业链和全生命周期的方式来解决安全问题。不单是电池设计要安全，电池包也有安全设计，例如出现热失控要怎样控制热扩散等。全生命周期的安全控制包括了充电及使用过程中的安全。中国采取的全生命周期全产业链的方式，相比于单独依靠电池产品一个环节来解决，效果更好、成本更低，更符合精益生产原则。其二，在中国新能源汽车发展过程中，部分车型发展得非常好。例如大客车和短途代步车，这两种车型可以很好地发挥新能源汽车的能力优势（图1）。中国新能源汽车发展走出了独特的道路，也积累了丰富的经验。

图1 新能源汽车

动力电池生产建议

原材料价格从2021年后半年到2022年年初上涨非常快,因此电池提价,整车也在提价。从资源上来说,不应该出现这种现象。但是很有可能在相当长的一段时间内,原材料价格会在高位徘徊。价格上涨是发展导致的供需紧张。今后的5到10年内,新能源汽车会以较快的速度发展。发展过程中,材料的建设周期长于整车市场形成的周期,长于汽车开发的周期,材料紧张应该是大概率事件。因此在这种情况下,原材料会在一段时间内高位徘徊。电池行业和整车行业应当着手应对这一问题。

建议考虑用精益生产方式来生产动力电池。如今,新能源汽车与智能加快融合发展,受到了资本热捧。这种形势下,业内可能会淡忘精益生产方式。动力电池是汽车上最重要的部件和最重要的系统,必须遵从汽车产业、汽车产品的发展规律和生产方式。因此,动力电池一定要注重按照精益生产的方式生产。电池的系统高、可靠性高,需要一致性和低成本。最近一两年单体电池资源紧缺,大家都在抢,但是这种情况很快就会过去,电池会进入一个稳定供应的阶段,届时精益生产方式会更加重要。这里特别提醒动力电池行业的同行,面对资本热捧一定要有定力,要认清楚最终生产的是汽车里面最重要的一个部件,一定要遵从汽车产业的规律(图2)。

图2 汽车生产车间

中国动力电池已经取得了先发优势,需要继续保持。中国的动力电池行业作为推动世界汽车产业发展的重要力量,更要注重为全世界新能源汽车发展贡献力量!

马仿列
中国电动汽车百人会副秘书长

研究员级高级工程师、电动汽车领域资深专家、北京理工大学兼职教授、博士生导师。40年汽车行业从业专家,历任多家大型国企高管。任职期间,组织实施并参与的项目获得第二十三届国家级企业管理创新成果一等奖(新能源汽车制造企业,基于组织创新力的生态化、数字化战略实施)、中国汽车工业科学技术进步一等奖和二等奖(电动汽车三电平台关键技术与产业化、安全高效纯电动乘用车换电技术)等多项成果奖励。

汽车产业低碳变革与企业转型

国轩高科第11届科技大会

"双碳"驱动下的发展趋势

"碳中和"背景下,汽车、交通领域低碳转型是全球重点和难点。从全球来看,交通碳排放占比较大,具有增速快、达峰慢的特点(图1)。欧美经验表明,交通部门碳达峰晚于工业和住宅部门。

图1 全球主要国家交通领域碳排放情况

欧盟和美国的交通领域碳排放在2007年左右达峰,但之后呈现出波动的趋势。欧美国家从2007年碳达峰到碳中和需要40多年的时间,而我国从2030年碳达峰到2060年碳中和,只有30年的时间,比欧美国家的难度更大。汽车电动化已经成为全球各国交通减碳的共识,电动化节奏在加快,而欧美各国设置了更为激进的发展刚性目标。汽车行业绿色低碳转型成为趋势。比如欧盟、美国都已经更新了电动化战略目标,加大了对电动汽车的补贴力度和投资额度,一定程度上提升了新能源汽车市场的发展。我国也加快了新能源汽车的推进,国务院在2021年10月份发布了《2030年前碳达峰行动方案》,其中提出了2030年当年新增新能源和清洁能源交通工具占比要达到40%。

在碳中和的目标下,全球汽车产业均处在重大的转型过程中,低碳化已成为未来的发展方向。电动汽车市场进入快速发展阶段,各大传统跨国车企也加快了推进电动化的转型计划,同时重视中国市场的布局,加速电动化与智能化先进技术在中国市场的导入。

从图2可以看出:宝马公司提出2023年推出12款纯电动汽车,2025年在中国的市场销量将达到25%为纯电动车型。大众也发布2023年投放8款基于MEB平台的系列纯电动车型,2025年新能源汽车销售量要突破150万辆,共推出30款新能源汽车,占整体大众车型比例不少于30%。本田也推出2025年在中国有10款纯电动车型,2030年要实现包括混动在内的100%的电动化。"双碳"发展战略中,我国汽车交通领域面临形势更为严峻。2020年9月,习近平总书记在第七十五届联合国大会一般性辩论上指出,二氧化碳排放力争于2030年前达到峰值,努力争取2060年前实现碳中和。美国、日本、欧盟经济体提出在2050年达到碳中和。如图1曲线里面所表现的一样,因为我国当前的碳排放量还在上升,所以实现从碳达峰到碳中和的时间周期和难度都比欧美国家要大得多。

2025 中国市场销量25%为BEV车型
2023 推出12款纯电动车型

2025 新能源汽车年销量150万辆
 共推出30款新能源车型,占整体车型比例至少35%
2023 投放8款基于MEB平台的D系列BEV车型

2030 在中国推出新款车型实现100%
 电动化(包括HEV)
2025 在中国推出BEV车型10款

图2 品牌新能源汽车销量

我国设立了交通领域低碳发展的目标,并且通过加快新能源汽车发展、优化交通运输结构等方式,推动交通领域碳减排。表1中列出了中国在绿色交通领域发展的短期目标和长期目标,以及在交通运输结构的优化,交通能源结构的优化,推广新能源汽车基础设施、示范试点、标准法规等方面采取的相应措施。

📍 表1 中国交通低碳发展目标及重点举措

低碳发展总体目标		二氧化碳排放力争于2030年前达到峰值,努力争取2060年前实现碳中和
绿色交通领域发展目标	短期	2025年新能源汽车新车销售量达到汽车新车销售总量的20%左右,到2030年,当年新增新能源、清洁能源动力的交通工具比例达到40%左右
	中长期	2035年纯电动汽车成为新销售车辆的主流,公共领域用车全面电动化
重点举措	交通运输结构	大力发展以铁路、水路为骨干的多式联运;打造高效衔接、快捷舒适的公共交通服务体系,2030年城区常住人口100万以上的城市绿色出行比例不低于70%;大宗货物和中长距离货物运输"公转铁""公转水",到2025年集装箱"铁水联运"量年均增长15%以上
	交通用能结构	陆路交通运输石油消费力争在2030年前达到峰值
	新能源汽车	大力推广新能源汽车,逐步降低传统燃油汽车在新车产销和汽车保有量中的占比,推动城市公共服务车辆电动化替代,推广电力、氢燃料、液化天然气动力重型货运车辆,2025年新能源汽车渗透率达20%,2030年清洁动力交通工具占比达40%
	基础设施	绿色交通基础设施建设;优化新型基础设施用能结构,采用直流供电、分布式储能、"光伏+储能"等模式;推进充电桩、配套电网、加注(气)站、加氢站等;既有设施绿色升级改造。"十四五"末,满足2000万辆电动汽车充电需求
	示范试点	打造燃料电池汽车示范应用城市群,推动氢电池汽车示范应用,京、沪、粤、冀4个城市群示范期内推广燃料电池汽车数量的目标分别为5300辆、5000辆、10000辆和7710辆;超10家智能网联汽车示范区,支撑绿色用车、智慧路网、智能驾驶、便捷停车等测试与应用
	法规及标准	双积分政策体系,设立油耗积分(CAFC)及新能源积分(NEV),通过对企业在年末核算时正负积分相抵的要求;补贴政策体系及免征购置税;后补贴时代支撑新能源汽车基础设施及路权等方面的政策及碳政策体系;车辆排放标准,"国五""国六"排放法规

实现减碳目标的关键是统筹谋划,以推动多系统之间的协同发展。汽车、交通、能源相关领域的碳达峰和碳中和的相互耦合关系越来越强。汽车产业"双碳"目标的实现需要与交通、能源领域协同推进。未来的电动汽车作为间歇性可再生能源与智能网联化技术的强大载体,将把绿色能源、智能电网、智能交通连接起来,实现绿色低碳的智慧城市。尽管汽车、交通、能源三个领域有很强的协同和互补关系,但在目前减碳的行动中,三个领域还没有完全一体化协同行动。国家已经注意到这些问题,正在做这方面的推进工作。

"双碳"驱动下的挑战与发展机会

汽车产业实现低碳发展面临诸多的挑战,其中包括低碳与减碳,这是历史性的新课题。每个企业面对的都是一个新的课题,面临着一个新的学习和破题的过程。未来碳约束和碳竞争也将给企业带来巨大的新的挑战。在汽车产业实现低碳发展过程中,存在着技术、基础设施、市场、上游资源等多方面的挑战。另外,欧美国家的碳政策陆续出台,未来企业在出口方面难度和壁垒也将更高。所以我国的低碳发展在模式变革、技术、供应链、后市场、基础设施、上游资源、特殊领域以及碳政策等方面都面临很多挑战。

推动产品全生命周期减碳,将成为企业重要的战略发展方向。相比传统燃油汽车,新能源汽车全生命周期碳排放向产业链上游转移,如何实现使用电力清洁化与生产低能耗,将是我国道路交通领域及汽车制造端低碳转型过程中必须解决的问题。我国动力电池产能的分布和可再生能源的分布是极其不平衡的,动力电池的生产地区多数都是在经济发达的南方地区,而可再生能源和资源丰富的地区是在中西部地区,如何有效平衡和利用好这方面的关系,也是我们做好低碳工作的重要举措。

比如青海的锂资源和风能、太阳能就非常丰富,电力非常便宜,所以比亚迪和宁德时代就是一个案例,它们在青海建立了工厂。电动汽车与电网的协同应用场景也在不断丰富,电动汽车与可再生能源将形成最佳的搭配。电动汽车作为可移动载体,有助于消纳可再生能源。随着电动汽车规模的不断提升,预计2030年电动汽车单日内V2G及有序充电灵活性调节能力将接近$5×10^9$ kW·h,可以满足海量的可再生能源发电的日内调峰需求。这些新的应用场景在为整车企业、电池企业、能源电力企业扩大产品市场的同时,也延伸了新的产业链和服务链。

图3曲线是我们在做课题研究时归纳得出的,即储能当中的规律。但是目前抽水蓄能受地理条件和资源的限制较多,同时一次性投资较大。但是未来随着电动汽车保有量稳步扩大,以及储源电池的规模应用,再加上电磁技术配套设施的完善,有序充电、V2G落地应用,电动汽车作为移动储能装置的属性将具有较大的调节潜力与经济性优势。

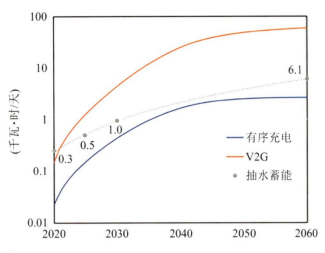

图3 电动乘用车"日内"灵活性调节规模潜力预测

车路协同部分应用也在逐步落地。车路协同产业在技术和应用生态方面，已经从前几年的技术创新驱动逐步转到了场景应用主导。车企现在已经在量产和测试具备V2X(Vehicle to Everything)功能的车辆，自动驾驶、智能交通应用不断成熟。另外，未来的MaaS(Mobility as a Service)模式可实现高效有序调配车辆，科学合理分配道路资源，提高城市交通全路网的使用效率和优化配置水平，在这些方面其具有巨大的改善交通的减排潜力。

2016年以来，中国新能源汽车领域的投资额逐步攀升，2021年融资额已经超过了3600亿美元，融资额最高的企业包括宁德时代、比亚迪、蜂巢能源、蔚来等。在2021年全球应对气候变化及碳减排提速的背景下，针对电气化交通领域的投资及资本关注度也急剧拉高。从表2可以看出，今后电气化交通领域的投资额有望超过可再生能源领域。

为顺应全球低碳发展形势，我国汽业行业迎来新的发展契机，新能源汽车快速发展，带动产业链企业竞争力不断增强。以锂离子电池企业为例，2021年中国有6家市场规模进入全球前10的企业，装机占比已经达到了48.7%，宁德时代连续5年位列全球第一，国轩高科、比亚迪等也跃升进入动力电池供应链的第一梯队。"双碳"背景下，全球新能源汽车蓬勃发展，为中国汽业进入国际市场提供了很好的机会，特别是电池相关企业，开始着力拓展国外客户，以及推出产品输出和国外布局的战略。

表2　2021年全球对低碳转型的投资按行业划分情况

技术/领域	2021年总投资（美元）	较2020年变化
可再生能源	3659亿	6.8%
电气化交通	2732亿	76.7%
电加热（技术）	527亿	10.7%
核电	315亿	6.1%
可持续材料	193亿	141.3%
储能	79亿	-6.0%
碳捕获和储存	23亿	-23.3%
氢能	2亿	33.3%
总计	7548亿	26.8%

"双碳"驱动下的企业低碳转型

第一，"双碳"驱动下，如何抓住机遇快速转型，顺应未来全球产业低碳发展的要求，这是每个企业必须面对的问题。企业绿色低碳转型之路应从制定企业低碳发展战略，明确目标、路径和措施开始，继而建立低碳发展和减碳目标实现的组织体系，进一步推动全生态互动协同，全价值链联动，确保协同效应，最后抓住机遇，创新发展，建立企业的低碳核心竞争力。在此过程中，既要坚持不懈地分阶段、分步实施，发挥技术关键作用，落实技术先行与技术保障，还要建立低碳运行机制。

第二，汽车领域企业需加快构建以低碳为核心的竞争力，逐步通过全生命周期脱碳形成新的竞争力，从碳价值、碳约束、战略转型及模式创新四个维度进行企业变革成为未来企业竞争的关键。

（1）碳价值创造围绕碳交易体系、双积分政策，以及绿色金融三方面展开，通过低碳创造经济价值，建立碳交易体系；通过双积分政策为绿色产品提供额外经济收入；通过绿色金融争取金融资源向绿色发展领域倾斜。

（2）应满足供应链碳约束。政策约束体现在《欧盟电池指令》等法规对企业提出了新要求；客户碳要求体现在客户明确提出产品全生命周期减碳要求；行业门槛体现在低碳技术、减碳成效成为新的行业壁垒；信息披露体现在上市公司绿色发展及用户诉求。

（3）低碳战略转型应当关注战略规划，设立企业可实现的低碳转型目标及举措；满足绿色化需求的多样化产品布局，谋划下一代绿色技术前瞻布局，改进制造工艺，提升智能化水平及能效。

（4）低碳模式变革要进行模式创新,换电、电池银行等新模式涌现助力价值管理。此外要推动协同发展,将汽车产业链外延扩大至绿色能源、智慧交通。在循环经济方面,产品、零部件、材料需再生利用,解决上游资源紧缺问题。

第三,"双碳"背景下,汽车企业应以低碳为核心,构建企业全方位、全生命周期的低碳发展体系,以绿色、智能、低碳为引领,从产品全生命周期角度考量,在技术研发、生产制造、供应链管理、产品等各环节实现全方位的战略转型(图4)。

图4 汽车企业绿色低碳发展路径

第四,汽车企业需持续扩大绿色低碳产品布局,加快下一代技术突破。坚持以电动化推动汽车、交通、能源减碳进程,通过进一步加快电动产品布局(图5),满足多样化的用户需求,应对市场竞争。电动化、智能化技术及动力电池等核心零部件依然具有较大的突破潜力,要持续将技术创新作为驱动低碳变革的重要途径(表3)。

图5 动力电池技术具有进一步创新潜力

表3 部分企业动力电池技术布局

企业类别	企业名称	技术布局
整车企业	大众	增持在美国固态电池公司QuantumScape中的股份，并追加投资2亿美元；预期大众将在2023年推出一款全新的"统一单元高级"电池（Unified Premium Battery）
	蔚来	2021年1月，发布一款单体能量密度达360 W·h/kg的150 kW·h固态电池包产品，并宣布将于2022年第四季度将该款固态电池装配到旗下的量产车上；与卫蓝新能源合作，计算基于ET7车型，推出单次充电续航1000 km的混合固液电池
电池企业	LG化学	宣布将从2021年开始向通用汽车供应钴含量低于10%的NCMA电池，并与通用汽车成立合资公司共同进行电池研发
	SKI	目前主要以NCM811为主，宣布将在2021年开始产量NCM9/0.5/0.5电池
	宁德时代	目前NCM523及NCM811均有应用；全固态电池在开发中，预计2030年后实现商业化，布局钠离子电池
	蜂巢能源	2019年7月，发布了NCMA四元正极材料，预计2022年完成中高镍四元正级C样，进入量产；2021年4月，无钴正极材料在常州金坛工厂正式量产下线，7月首款无钴电池量产下线
	国轩高科	发布的固态电池三元材料，对传统的三元材料进行降钴提锰处理；与大众签署战略合作协议，合作开发三元标准电芯
材料企业	CosmoAM&T	韩国公司正在研究NCMA高镍正极材料，其中镍含量达到92%，预计2021年实现四元正极材料量产
	容百科技	布局无钴层状正极材料、NCMA四元正级材料，向下游客户送样，进一步完善性能各项指标
	贝特瑞	较早布局硅基负极的研发，公司产品对日韩主流电池厂商大批量发货（折合硅纯品年发货量达千吨级）

第五，加快构建低碳供应链体系。未来的产业竞争更多是供应链的竞争，新能源汽车供应链全球化发展和布局成为必然趋势。疫情、贸易战、大国技术与产业政策、碳税、运输等因素都对汽车产业供应链产生深远影响，应逐步建立以低碳为核心的汽车供应链体系(图6)。

政策法规及标准
信息及数据安全标准：ISO 27001 & 27701
TISAX，ASPICE
质量及功能安全：ISO 26262
低碳及能效提升：ISO 14064碳核查、ISO 14067产品碳足迹

供应链管理
供应链碳"要求"
供应商资质认定
碳约束法规
区块链技术支持

供应链绿色生态
供应链上下游行业联盟
供应链企业责任认定
减碳技术及成本支持
SBTi科学碳目标

ESG 环境 社会 治理
ESG信息披露
ISO 37001 & ISO 37301 反贿赂及合规管理体系
ASI可持续铝业认证

图6 绿色低碳供应链体系

第六，汽车企业应当围绕产品全生命周期减碳提升发展质量。制造环节是汽车减碳的重要环节，也是难度最大的环节，通过打造"循环经济+零碳工厂"模式，推进制造体系的低碳转型及效率提升。基于电动汽车与电池的模式创新助推行业问题的解决，目前类似电池银行等创新模式的不断涌现，通过资本与产业链企业共同参与，可助力电池全生命周期运营管理及价值实现。图7为某先进工厂的绿色、智能、低碳改造方案，可供大家参照。

图7 某先进工厂的绿色、智能、低碳改造方案

第七,依托低碳模式实现企业创新价值。随着车载电池储能潜力的逐步显现,V2G、光储充、智慧储能等将得到应用,将进一步激发电动汽车用户、运营商、聚合商、新能源供应商与电网等多个利益主体的积极性,实现新能源汽车与可再生能源体系的良性互动。此外,汽车企业应当关注电池回收再利用体系,因为废旧锂离子电池中镍和钴的总含量达到10%~20%,锂含量达到1%~4%。如通过湿法回收化学浸出可回收95%以上的镍钴锰元素及70%以上的锂元素,实现减碳32%。通过构建动力电池产业链生产—销售使用—梯次利用—拆解回收—材料再生产的闭环,在碳减排的同时还可缓解资源紧缺问题(图8)。

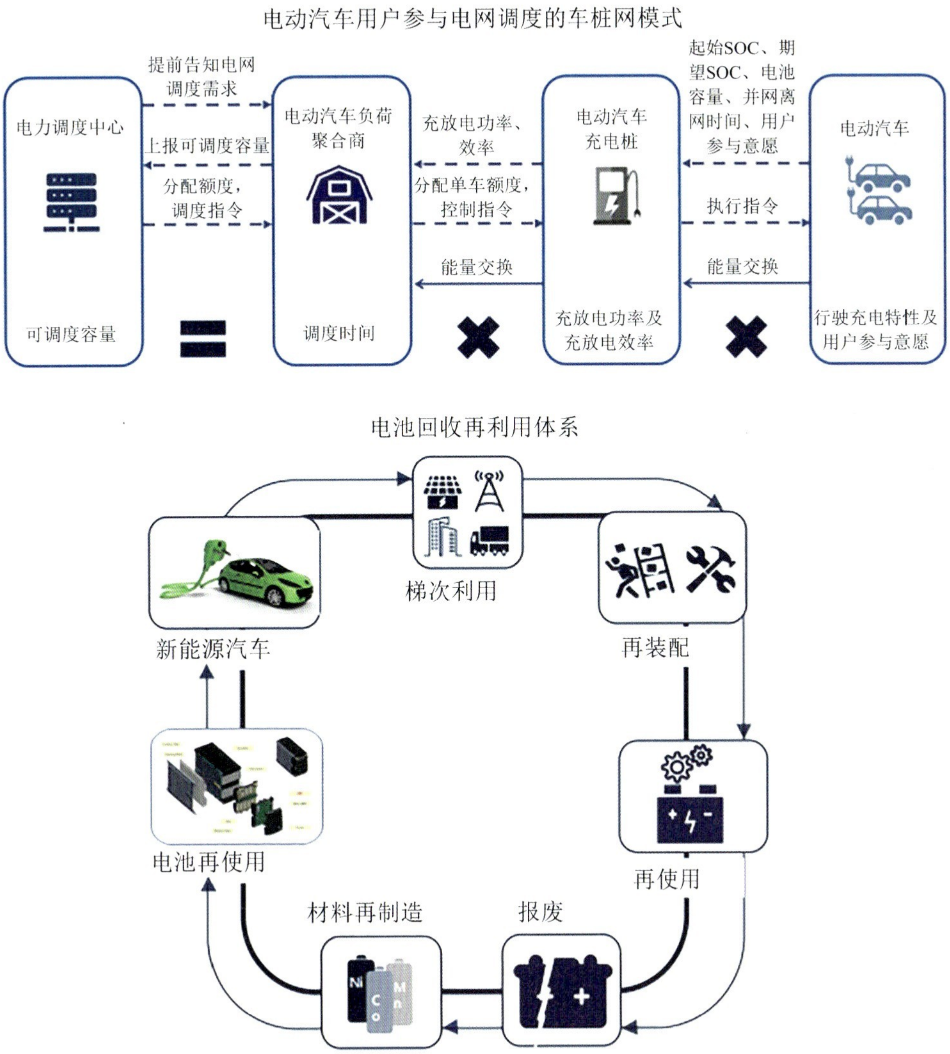

图8 电动汽车用户参与电网调度的车桩网模式与电池回收再利用体系

全球低碳发展背景下，汽车产业绿色低碳发展趋势不可逆转。变革之中既有挑战，也有机遇，唯有未雨绸缪、主动求变、积极转型，才能在大变革中求生存、求发展，最终在竞争中胜出。

吴志新

中国汽车技术研究中心有限公司副总经理

国务院特殊津贴专家，改革开放30年、40年中国汽车工业杰出人物，全国汽车标准化技术委员会智能网联分技术委员会主任委员，国家科技部"863"计划"节能与新能源汽车"重大专项总体组专家，"十三五""十四五"国家重点研发计划新能源汽车重点专项专家组专家，中国智能交通协会副理事长，天津市汽车工程学会理事长。

"双碳"目标下新能源汽车与动力电池产业技术展望

国轩高科第11届科技大会

当前绿色低碳发展已成为全球的共识。"双碳"目标的提出是推动我国经济高质量发展的关键之举,服务好"双碳"战略目标是我国经济社会中一项全局性、系统性的工程。汽车产业作为二氧化碳排放的主要组成部分,其低碳发展对我国实现"双碳"目标具有十分重要的意义。同时,"双碳"目标也将对我国汽车产业的发展产生重要的影响,提出更高的要求。

"双碳"驱动下动力电池的发展机遇

绿色低碳发展浪潮正在席卷全球,汽车产业的国际竞争格局面临重塑,为应对气候变化,推动经济绿色转型,全球多个国家和地区提出了"碳中和"的目标。比如美国和日本均已提出2050年实现碳中和的目标;中国提出在2030年前实现碳达峰,2060年前实现碳中和的目标。在碳中和政策框架下,多个国家加速交通领域低碳化或零排放转型,把新能源汽车产业作为绿色低碳发展和实现经济复苏的主要驱动力,制定了积极的支持政策,以促进新能源汽车市场的快速发展。此外,欧盟计划出台的"电池和废电池法规"是世界上第一部动力电池碳准入的标准。一旦实施,不仅将推动动力电池全产业链降碳,还将提升欧洲本土企业电池供应链的安全性和竞争力。

我国在全球范围内率先明确了发展新能源汽车的国家战略,在政策及行业的有力推动下,我国新能源汽车累计推广量已突破1000万辆,产销连续7年位居全球第一,2021年新能源汽车渗透率突破10%的关键节点,产业步入了规模化快速发展的新阶段。2022年1~4月,我国新能源汽车产销量达到155.6万辆,市场渗透率达到了22.3%,全年有望达到600万~700万辆的规模。中长期来看,我国之前已经发布了2025年、2030年等时间节点的规划目标,但这些目标目前看来已经偏向保守,新能源汽车市场呈现加速发展的态势,产业将提前实现规划目标。

依托我国新能源汽车市场持续高速发展,电池行业前景广阔。当前我国新能源汽车平均单车带电量为45.5 kW·h,预计未来5年单车带电量水平将呈现反复波动的态势,数值预计在40~45.5 kW·h。按照2025年新能源汽车销量1000万辆来测算,预计2025年车用动力电池需求量将超过500 GW·h,仅车端的动力电池市场前景就非常广阔(图1)。

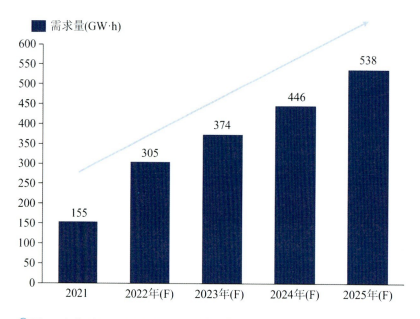

图1 未来5年我国动力电池需求量预测

此外,"双碳"目标下,我国能源系统也将实现绿色低碳转型,可再生能源发电装机量将大幅提升。根据"1+N"政策的规划,到2030年风电、光伏装机容量将达到1200 GW以上,与2020年的530 GW相比,超过1倍,这将为储能电池提供广阔的市场空间,同时也是一个巨大的增量市场。

可再生能源发电具有间歇性、不稳定性等特点,需要通过储能设施来削峰填谷,调节电网平衡,提升能源利用效率。储能将是支撑可再生能源大规模发电并网的必然选择,也是电池产业重要的应用领域。不同于新能源汽车使用高比能量电池,储能领域所需的电池更注重高安全、长循环寿命和低成本。围绕发电端、储能端和使用端的绿色低碳发展,将形成"风光储充换"一体化的绿色低碳能源技术路线,并积极赋能"双碳"目标的达成(图2)。

图2 储能电池的发展机遇

"双碳"约束下动力电池的变革趋势

综合国内外研究进展,未来动力电池产业可能会呈现5个变革趋势。

(一)技术创新带来的产品结构和产品体系变革

近年来,电池系统结构持续创新和电池材料不断迭代的特征越来越明显,宁德时代和比亚迪推出了CTP(Cell to Pack)和CTC(Cell to Chassis)技术,动力电池与整车的集成度不断提高。为了进一步提高动力电池性能,新体系电池的研发应用进度不断加快,固态电池、钠离子电池有望在中短期进行小规模的示范应用,未来动力电池也会与底盘深度融合,滑板底盘技术得到应用,实现整个底盘的创新(图3)。

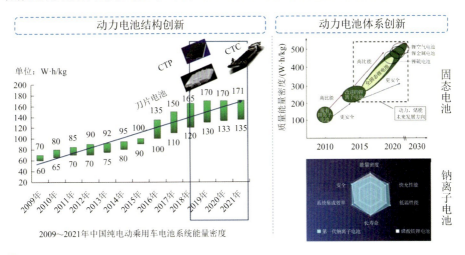

图3 动力电池的产品结构和产品体系变革

（二）新能源汽车与电网融合发展带来的技术变革

新能源汽车与电网融合发展带来的技术变革将对整车、电池、充电、电网等环节带来重要影响。从汽车端来看，需要开发支持V2G（Vehicle to Grid）的通信标准，用现有的车载充电机来适配电网的智能调度，实现车网的双向互动。从动力电池端来看，应具备长寿命、高电量和高安全的特点，需要完善电池衰减以及残值评估标准，使V2G调度更加精准。从充电桩来看，需要开发与电网以及电动汽车V2G的通信协议，同时应尽量减少V2G过程当中的能量损耗。从电网端来看，需要优化V2G的调度算法，开发边缘计算、区块链等结算的技术（图4）。

图4　V2G背景下动力电池的技术变革

（三）"双碳"目标资源保障等约束带来的原材料供应体系变革

新能源汽车规模化快速发展对动力电池的需求将越来越大，但我国动力电池中的锂、钴、镍、锰等原材料对外依存度比较高，其中锂对外依存度超过了70%，钴则超过了95%。电池原材料资源的短缺问题，也将随着我国产业的进一步发展而愈加凸显。这些资源丰富的国家在政策上逐渐加强本地资源的保护，使我国不得不及时开展相应的布局，以应对产业变化所带来的挑战。比如宁德时代、比亚迪等企业已经加强新体系、新材料电池的技术创新，以降低对一些短缺材料的需求，同时加强在回收利用、梯次利用等方面的布局，并在电池产品设计的初期就综合考虑梯次利用环节，以实现原材料资源的循环使用。此外，也有一些企业正在国内积极寻找矿产资源，以收购或投资建厂的方式，增强对产业链上游资源的掌控能力（图5）。

图5 动力电池原材料供应体系变革

(四)政策法规约束带来的生产、使用、回收、利用全链条变革

欧盟近期已出台多项政策,加强各个领域的低碳要求,对于进口产品,欧盟提出了碳边境调节机制(简称CBAM),对于部分进口商品征收碳排放费用,对于电池领域欧盟提出了"电池和废电池法规",对包含电池生产环节在内的全生命周期实施碳管理。并且根据目前欧洲议会及欧盟理事会的审议进程,以上法规的要求均有加严的趋势。

欧盟政策约束了我国电池企业的生产环节,也加大了我国电池出口的贸易成本。但与此同时,欧盟严苛的碳管理措施也为我国电池企业提供了提升碳管理能力的契机。我国汽业行业应充分借鉴国外碳排放及碳管理经验,从提高能源使用效率、创新绿色生产技术等方面入手,全链条推动企业生产低碳转型。

(五)国际竞争加剧带来的动力电池格局变革

近年来,日本、韩国通过政策引导实现快速发展,欧洲各国、美国全面加强布局,吸引电池制造新兴势力扩大本地产能,国际竞争进一步加剧。例如,韩国提出了"K电池发展战略",将在未来5年投资2530万美元,用于支持开发下一代固态动力电池。此外,国外企业积极布局以固态电池为代表的新型电池,固态电池样品层出不穷,中试线、生产线建设持续布局,产业化进程加速推进。例如,本田投资430亿日元,建设全固态电池生产示范线,2024年初开始示范生产;丰田预计在2025年前实现全固态电池小规模量产，2030年前推出全固态电池电动车型。当前国际竞争加剧，产业技术体系面临调整，我国应当加强科技创新，以保持在动力电池领域的领先地位，若企业无法保持技术创新优势，我国电池产业领先地位将受到严重的冲击。

"双碳"目标下动力电池发展建议

在"双碳"目标下，为推动中国动力电池产业绿色低碳发展，保持国际竞争力，需要面对新形势、新挑战和新要求，政府、行业、企业应做好分工协作，进行新的产业布局和政策调整。

国家层面加强顶层设计、系统谋划、全面布局。一是优化完善政策环境，加大先进技术的支持力度，推进产业间融合协同发展，提高资源安全保障能力。二是构建以低碳为核心的标准体系架构，推动标准的国际互认，积极参与国际标准的制定。三是营造良好的国际化营商环境，发挥多双边合作和高层对话机制的作用，构建互利共赢的全球价值链。

行业层面加强合作交流，形成合力。一是充分发挥行业联盟的作用，推动我国电动汽车关键零部件共性技术及重大前沿技术的自主创新，并推动与国际组织间的沟通协调与合作。二是积极深化跨行业合作，加强汽车行业与电力、氢能等能源行业以及资源回收等行业的合作。三是加强产业集群化发展，鼓励零部件、原材料、基础设施等相关企业在技术、专利、标准、生产、回收利用等方面深化合作，实现强强联合。

企业层面切实开展前瞻布局，加大创新投入，提升竞争实力。一是坚定发展信心，新能源汽车产业进入了快速发展的新阶段，动力电池产业发展潜力巨大，要持续加大投入。二是高度关注产业变化，根据新趋势，切实加大创新投入，如新结构、新体系电池的技术创新，换电模式、V2G等新模式的发展应用，还要重点关注国内外领先企业的技术和战略布局。三是提高关键资源保障能力，建立健全动力电池全生命周期碳管理机制，积极应对锂、镍、钴等资源短缺问题，在回收利用、梯次利用等方面也要提前做好布局。四是拓展国际合作，中国新能源汽车正在加速走出去，动力电池企业大规模走出去时期已经到来，建议提前布局海外发展和服务能力，积极与世界一流企业建立战略合作关系，构建国际一流供应链体系，为建立跨国动力电池企业奠定基础。

后记

过去的10多年里，国轩高科连续举办了12届科技大会，推动了国轩高科在全球锂电领域的科技地位。作为总结技术进步，探讨产业方向的行业盛会，感谢众多院士、学者、企业家登台演讲，聚焦"双碳"战略，解读新能源研究热点，直面产业面临的问题，展示行业前沿的研究成果，为国轩高科及新能源汽车产业的发展建言献策，向热爱科学的人们分享最为珍贵的科学洞见与研究发现。

国轩高科科技大会已迈进第二个10年，全球新能源产业的新征程已然开启。"行之力则知愈进，知之深则行愈达"，这些值得铭刻心头、弥足珍贵的科技思想，需要在不断传承中，为新能源产业创新之路提供启示，促进创新创想。以此为创作动议，我们将2022年第11届科技大会上各位科学家、产业家的精彩演讲，以及多位战略专家的真知灼见，整理而成此书。

本书得以成功出版，是智慧的结晶，是各位专家、学者鼎力支持的结果，他们百忙之中仍不忘认真校稿，才使本书日臻完善，这表明科技关注产业，创新驱动产业，这是对国轩高科莫大的鼓励。在此，我向参编此书的各位领导、专家、学者所付出的智慧与辛劳致以最真挚的谢意！

此外，还要感谢中国科学技术大学长三角科技战略前沿研究中心的各位专家，正是在他们的积极组织与热心推动下，才得以将演讲视频顺利转录为文稿。

尤其要感谢中心主任、中国科学技术大学陈晓剑教授的信任与无私付出，为成书的各项议题提供了许多宝贵意见，认真研读以至对于各点智识所在页码都可熟记于心，陈教授埋头钻研的认真投入劲儿真是令人难以忘怀。

最后还要特别感谢中国科学技术大学出版社对此书的青睐，对本书的编辑、设计、排版等出版工作投注了让我感动的热情，同时也要感谢为成书做出贡献的数百位同事，大事必作于细，道阻且长，感谢不吝付出。

为在2023年国轩高科第12届科技大会前成书，分布在世界各地的专家及团队成员，通力合作了五个月，终于完成了编写审校，这也真切地反映出新一轮科技革命，产业变革，充满活力、踔厉奋发。不过，深为歉意的是我们未能将所有演讲全都收录进来，书中也难免有疏漏和不足之处，敬请广大读者批评指正。

无论书前的读者是否听过国轩高科，但致力于推进新能源产业发展，让绿色能源服务人类，是我们始终不渝的初心，我们在汲取知识的同时，也愿您在阅读中获得新的启迪，了解产业的发展前沿，认知技术的进步现状，感受科学的理性之光！

国轩高科董事长
2023年2月25日